敦煌吐鲁番文献里的俗语词研究

黄幼莲 著

浙江工商大学出版社
ZHEJIANG GONGSHANG UNIVERSITY PRESS

·杭州·

图书在版编目(CIP)数据

敦煌吐鲁番文献里的俗语词研究 / 黄幼莲著. — 杭州:浙江工商大学出版社,2022.12
ISBN 978-7-5178-5314-5

Ⅰ.①敦… Ⅱ.①黄… Ⅲ.①敦煌学—文献—俗语—研究②文献—俗语—研究—吐鲁番地区 Ⅳ.①K870.64②H034

中国版本图书馆 CIP 数据核字(2022)第 244044 号

敦煌吐鲁番文献里的俗语词研究
DUNHUANG TULUFAN WENXIAN LI DE SUYUCI YANJIU
黄幼莲 著

策划编辑	王黎明
责任编辑	张 玲
责任校对	何小玲
封面设计	朱嘉怡
责任印制	包建辉
出版发行	浙江工商大学出版社
	(杭州市教工路198号 邮政编码310012)
	(E-mail:zjgsupress@163.com)
	(网址:http://www.zjgsupress.com)
	电话:0571-88904980,88831806(传真)
排 版	杭州朝曦图文设计有限公司
印 刷	杭州宏雅印刷有限公司
开 本	880mm×1230mm 1/32
印 张	5.875
字 数	108千
版 印 次	2022年12月第1版 2022年12月第1次印刷
书 号	ISBN 978-7-5178-5314-5
定 价	66.00元

序

　　我热爱家乡方言,我脑子里有一部家乡方言的活字典。

　　我的父亲是修理自行车的,他和蔼可亲、热情好客,我家常有客人来喝茶、聊天。我在这样的家庭氛围中听到的话语多,知道的方言俗语词也多。大学期间,在李如龙老师的指导下,我搞方言调查,写方言毕业论文,家乡的方言在我脑海中深深扎根。

　　我出生在一个贫寒的家庭,于1960年考进厦门大学中文系五年制语言专业,获甲等助学金,我明白我不能辜负祖国对我的培养。大学期间我如饥似渴地学习、攻读,节假日我不是在林荫下散步,而是在图书馆、资料室、教室里度过。毕业后被分配到杭州商校教中专语文。我不愿意放弃自己的专业爱好,"文革"停课期间,我每天带着两个馒头、一壶开水,一大早就步行来到浙江图书馆孤山馆舍,一坐就是一整天，等到管理员说"到点了，要关门了"才站起来离开。就这样我写出了我的第一篇论文《闽南方言"録"字小议》。后来，我买了敦煌《吐鲁番出土文书》之类的书，它们成了我的挚爱伴侣，每当通过一遍遍的阅读，通过查阅有关资料、工具书确定对某个词语的解释是准确可靠的之时，我常常会兴奋得手舞足蹈，甚至两三天都不必上床睡觉。

我出生在闽南南安诗山，家乡有群山环绕，我的祖先于东晋"永嘉之乱"由中原迁徙入闽。由于长期交通阻隔，受外来影响少，这里纯朴的乡民说的还是相当古老的闽南方言，这种方言可视为从中原故土带来的古老语言。当时在战乱中，中原汉人一支往西北，一支往南方，不论是往西北，还是往闽南，他们各自带去的都是中原故土的语言，今日的闽南方言、西北方言在敦煌吐鲁番文献里被视为一对孪生兄弟，他们的根在中原汉语。这就是我可以从闽南诗山方言的角度来解释敦煌吐鲁番出土文书里的俗语词的原因，道理就在这里。

闽语、吴语、粤语等早就存在，我以为这是不争的事实。问题在于自隋唐以来，由于政治、经济等原因，广大中原地区已经形成了一种共同语——中原汉语，虽然不同地区的人在交际交换过程中，说话会有语音上的一些差别，但在意义认知方面比较接近，有共性，有共同语，不会造成无法进行交际、交换的困难。比如，一个苹果，各方言区的语音有差异,但在意义指向上是一致的。同样道理,我可以从闽南诗山方言的角度去解释敦煌吐鲁番文献里的俗语词,张三也可以从吴语方言的角度去解释文献里的俗语词,李四也可以从粤语方言的角度去解释文献里的俗语词。我们今天读敦煌吐鲁番文献里的俗语词感到困难,特别是读吐鲁番出土文书里残缺不全的语段,会感到如读天书一样,问题出在哪里呢?问题出在文献里的难词,都是十分地道的方言俗语词,是十分地道的乡民口语,不是今天普通话里的"人、手、口、刀、笔"。文献里的难词一般都是采用同音或音近字代替,要破解这些难词,关键是要真正会讲自己的方言,像老年人一样会讲地道的方言口语。随着岁月的流逝,受普通话影响,那些古老的方言俗语词已渐渐流失了,四十岁以下的年轻人都不知道,也不愿说那些土里土气的话,比如"秋倒来(赎回来)"偶尔还能从七八十岁的老年人口语中听到。唐宋以来的禅宗文献里有一些难词,也是用了地道的方言口语。这些地道的方言口语词是阅读理解的拦路虎,我在本书中有谈到。

本书主要致力于解决以下四方面的问题:

一是通过对闽南方言与敦煌文献里的一些俗语词的吻合性研究,可以看到中原汉人在河西走廊一带跋涉的足迹,这启发和帮助我们从历史语言的角度去研究敦煌文献。

1984年我提交了《闽南方言与敦煌文献研究》一文,后被邀请参加1984年10月16日在杭州召开的中国敦煌吐鲁番学会语言文学分会成立大会暨学术讨论会。会后发表简报，其中谈到语言方面，"有的文章把敦煌遗书中语词的研究与西北方言、闽南方言的研究结合考察，这既是一种新的尝试，也不妨说是为敦煌吐鲁番语言文字的研究开拓了一条新路"。

二是考释了敦煌吐鲁番出土文书里有关租赁、借贷的俗语难词，特别是残缺不全的语段中的难词，为阅读研究扫清了障碍。本人对一些俗语难词考释的时间较早，如"唤池人"，即借给人，或租给人（《〈敦煌资料·第一辑〉词释》，《浙江敦煌学》1990年第1期）。如"偈红褐"两段中，偈，即借，或贷；於，即举，雇、租、借。如《吐鲁番出土文书》册一第154页"……辞达，赐教差脱马头……"中，脱即买（《〈吐鲁番出土文书〉词释数例》，《敦煌研究》1986年第4期）。如我在《吐鲁番出土文书》册四第177页"氾马儿夏田券"中考释了三个词：夏，即赊，租也；常，即扬；了，即承担花费。这三个词是该段的难点，且在《吐鲁番出土文书》里出现的次数较多。这三个词的重要性在于，它们的出现让该段的方言味极浓重，仿佛把我带到七十年前那遥远的童年。我的记忆出现了："著 常 粟（得扬谷子）""著 夏 我（得租给我）""汝 著 了（你应该承担花费）"。像这样方言味极浓重的话语，应是出于底层乡民之口，它保留了唐代真实的口语、真实的历史面貌。有人写文引用上古的《释名》《礼记》来证明"夏"通"假",问题在于,语言在发展,语音也在发展,唐代的"夏"真通"假"吗? 这需要拿出证据。

另外,书中还涉及租赁、借贷及民间买卖等方面的俗语难词,这应归功于来自中原的古老诗山方言,它为后人保留了有价值的资料。

三是考释了《敦煌变文集》《敦煌歌辞总编》里的一些俗语难词,解决了俗语难词的困扰,给阅读理解开拓了豁然开朗的新天地。如《敦煌变文集·燕子赋》第252页行5"遂乃嗢嗺本典",此处"嗢嗺",即夸奖;第265页行4"我今已判定,雀儿不合过",此处"过",即借。如第265页行11"一冬来修理,浼落悉皆然",此处"浼",亦是借。《敦煌变文集·不知名变文》第820页行7"成节度使出敕,须人买却莲花者,付五百文金钱,须人并总不肯买却莲花",此处"须人",即赎人,意指"赎回莲花价值的人"。又如《敦煌歌辞总编》上册第537页《木兰花(春风斩断我)》中"由住安良不敢坐"一句,关键难点为"坐",依文意这个"坐"应释为"买",但查遍相关工具书,并无此解释。这个"买"不是指一般的"买",而是应按照对方开的价买下来。就诗山地区而言,能真正通晓"坐"的具体用法的老年人也是极少的。

四是解决了禅宗文献里的棘手难题。禅宗的典籍,比如《祖堂集》《古尊宿语录》《五灯会元》《景德传灯录》《坛经》等等,现在已出版了不少对这些名著做解释、讲解、研究的专著,这应当说是可喜可贺。像"不无"一词在这些已出版的专著中一般都采用现代汉语的双重否定来解释,用此解释显然使有些段落文理难通。我用诗山方言对"不无"的用法做解释,该段文理就可通。"不"仅表语气,无实义,这一语法规则在闽南诗山方言里显得很普遍,如:汝不著食(你应该吃)、汝不著去(你应该去)、汝不无拍伊(你没打他)、汝不无路路走(你没到处跑)、汝不无得头奖(你没得头奖)。诗山方言的"不无"与禅宗文献里的"不无"有共同之处,即"不"无实义,仅表语气。

"不无"一词在禅宗文献里经常出现,这或许是唐宋以来禅僧们的习惯用语。又如闽南方言里的"不唧溜",在禅宗文献里也大量出现,仅我搜集到的就有上百例。来自中原的闽南诗山方言的习惯用语"不无""不唧溜",会在禅宗文献里出现,这是一个值得关注的问题。

我父亲在世时常吟诵先祖们在战乱中的临别诗:

骏马登程往异方,任从随处入纲常。

年深外境有吾境,岁守他乡即故乡。

先祖留下的这首临别诗,让我知道我的第一故乡就在遥远的中原。当年往闽南的先祖们都讲着中原汉语,往西北的中原汉人也一样都讲着中原汉语。敦煌《吐鲁番出土文书》里的俗语词充分展示了来自中原的闽南方言和来自中原的西北方言犹如一对孪生兄弟。每当我读到文献里的俗语词,我就很自然地会感悟到华夏子民不管走到哪里,他们都会有一股心向中原的凝聚力,这是一种多么伟大的力量啊!

　　亲爱的中原先祖,我是您诚实的、厌恶弄虚作假的子民,我回来了,我站在您的灵位前,我捧着您真实的稀世珍宝,展示在世人面前,您安息吧!

黄幼莲

2022 年 5 月于杭州

目 录

敦煌吐鲁番文献里的俗语词

　　本文考释今天闽南诗山方言[1]里所见的敦煌吐鲁番文献(《敦煌资料(第 1 辑)》简称《敦资 1》,《吐鲁番出土文书》简称《吐》,《敦煌契约文书辑校》简称《辑校》)里的俗语词。

　　敦煌吐鲁番文献里的一些俗语词,采用了当时的方言口语,用同音或音近字代替,假如用今天的现代汉语读它,自然会感到费解。本文用闽南诗山方言来考释文献里的难词,希望能给这些难词带来新的认知与阐释。

---

[1] 诗山方言,即福建南安诗山方言,属于闽南方言,与福建泉州、晋江一带原来说法相同,声韵调也较一致。据 1993 年续编的《福建南安诗山坊前黄氏族谱》记载,东汉末年,黄氏祖先因战乱由中原河南固始县迁移入闽。这里说的诗山方言实际上来自中原。

1. 棵：弓、弩弓。

《兵役名目》斯1898：

十将刘达子　　　　　　　　棵一面

王员宗　　　　　　　　　　棵一面

刘住子　　　　　　　　　　棵壹面

押衙窦庆安　　　　　　　　棵一面壹

第四队头押衙唐继通　　　　棵一面

以上见《敦资1》第207页，在第208页，"棵一面"出现5次。

依诗山方言，"棵"白读[1]"go阴上53"，如：一棵（go阴上53）菜。"棵"属戈韵，"弓"属东韵。据龙晦先生的论文《唐五代西北方音与敦煌文献研究》，东韵失去了"ŋ"尾与歌韵相协，而"歌""戈"音韵地位靠近，可相协。"弓"读"go阴平33"，"弓""棵"音近应可互代。又根据《敦煌社会经济文献真迹释录》第415—421页"唐开元廿三年？（735？）沙州会计历"："壹佰玖拾伍张枪，伍拾陆面弩弦，玖张戎祖弩弓，叁拾捌口陌刀，壹阡壹佰玖拾伍隻弩箭。"第335页"社司转帖"："右缘常年建福一日，人各粟壹斗，鑪併（饼）壹双，雕鸽箭壹具，画被弓壹张……"第

---

[1] 闽南方言存在文白两读的情况，文读代表读书音，白读代表本方言的土语，即口语音。

412、413页的"行人转帖"重复出现"已上行人,次着上直三日,并弓箭枪排白棒,不得欠小(少)壹色"。以上也可证"棵"释为"弓、弩弓"应是可信的。文中"官甲一领"即"官甲一件",诗山方言中"件"叫"领",如:衫一领(衣一件)。

2. 请:雇。贴:趁。

(1)索再晟打钟。守普光囚五日。贴驼群五日。

史升朝放羊。贴驼群五日。

李君君丑年五月,萨请□羊。又九月阿利川请羊。

段周德丑年常乐过瓜州节度。又阿利川请羊。

曹进进送瓜州节度粳米。又阿利川请羊。卯年历梨请羊。

张荣荣送西州人户往瓜州。阿利川请羊。

张仙进死兴国持韦皮匠。贴马群五日。

赵卿卿报恩加进守囚五日。贴马群五日。

(《敦资1》第263页)

(2)张祖子放羊。

李仙光贴羊。

(《敦资1》第268页)

(3)史伯合贴羊。

史通子放羊。

(《敦资1》第269页)

依《宋本广韵》入声帖韵（第521页）：帖贴他协切。贴，诗山方言白读"tiɑp阴入4"。趁，诗山方言白读"tan去声21"。"贴"与"趁"音之转互代是有可能的。趁，诗山方言指"放，赶，驱赶"，如：

伊去趁羊（他去放羊）。

猪趁出去（猪赶出去）。

牛趁去山上（牛赶去山上）。

依文意，贴，趁也。例（1）中的"贴驼群五日""贴马群五日"，意指驱赶放驼群五日、马群五日。"史升朝放羊。贴驼群五日"一句，说明"放""贴"用法有区别。羊可以大半天在一个地方吃草，故用"放"。驼、马食量大，要换地方，故用"贴"，趁也。

雇，诗山方言读"ciɑ去声21"，乡下人一般用"请"代替。如：

请三日（雇三天）。

割稻请两人作半日（割稻雇两人干半天）。

请一日割稻三十箍（雇一天割稻三十元）。

大作人请价一日四十箍（干大活的雇价一天四十元）。

请牛来犁田（雇牛来犁田）。

伊请羊来律奶（他雇羊来挤奶）。

诗山方言"请"的用法与文意相吻合。

3. 放:纺。

《敦煌诸寺丁壮眷属名簿》斯0542：

□净圆妻　梁什七　放毛半斤

光朝妻　母安什二　放毛半斤

光复妻　自宽妻　放毛半斤

（《敦资1》第277页）

《敦资1》中"放毛"从第276—282页共出现19次，说明"放毛"与"修仓""守囚"等是当时一般乡民必做的服务项目。

诗山方言中"放"白读"bang去声21"，"纺"白读"bang阳平24"，二字音近可通，应可互代。

4. 寄:拿。趁:赚。

(1)《乙丑年(905?)索猪苟贷麦契》斯5811：

乙丑年三月五日，索猪苟为少种子，遂于龙兴寺张法律寄将麦叁硕。亦无只(质)典，至秋纳麦陆硕，其秋只(质)纳得麦肆硕，更欠麦两硕，直至十月，趁还不得，他自将大头钏壹，只(质)欠麦两硕。其麦彼(限)至十二月末纳……

（《辑校》第161页）

(2)《天复九年(909)杜通信便粟麦契(习字)》：

天复九年岁次已巳十二月二日，杜通信今缘内阙少年

粮,依张安六面上便奇(寄?)粟两硕,至于秋肆硕。又奇(寄)麦两硕肆斗,至秋(后缺)

(《辑校》第162页)

(3)《癸亥年(903?)龙勒乡百姓力信为典物寄麦纠纷事辞(草稿)》:

龙勒乡百性(姓)力信 右力信去癸亥年阙乏粮食,赁得他人银盏一只,充作典物,判官梵胜侄男僧满盛处寄得麦本一石五斗粟五斗,其秋麦本理(利)并三石,纳粟五斗作一石,填纳……

(《辑校》第418页)

(4)《乙亥年(915?)金银匠翟信子等三人状》:

……遂于都头高康子面上寄取麦叁硕,到当年秋断作陆硕……

(《辑校》第420页)

拿,诗山方言读"gia阳平24",因写本字难,乡下人一般用"寄"(gia去声21)代替,如:寄粟一担(拿粟一担)、寄酒十瓶(拿酒十瓶)、不通寄来寄去(不要拿来拿去)、寄荷伊(拿给他)。例(1)的"趁"应释为"赚"较妥,闽南地区"赚"读"tan去声21",乡下人都写作"趁",如:趁一千(赚一千)、趁无食(赚不到吃的)、无块趁(无处可赚钱)、趁荷老母应(赚钱给老母亲用)。

5. 湿:粟。

（1）《丙子年（916）赤心乡百姓阿吴卖儿契》：

赤心乡百姓王再盈妻阿吴，为缘夫主早亡，男女碎小，无人求（救）济……今将福儿庆德柒岁，时丙子年正月廿五日，立契出卖与洪润乡百姓令狐信（进）通，断作时价干湿共叁拾石，当日交相分付讫，一无玄（悬）欠……

（《辑校》第 75 页）

（2）《丙子年（976?）杨某领得地价物抄》：

丙子年十二月四日杨□□领得地价物抄，生绢壹匹，长叁丈柒尺叁寸，准折湿物贰拾伍硕，白斜褐叁段……

（《辑校》第 390 页）

（3）《乙丑年（965）都头王保定还舍地价凭》：

乙丑年四月廿八日，于都头王保定边舍地贾（价）升合不欠，并总干湿填还足，屋木贾（价）未取……

（《辑校》第 404 页）

《宋本广韵》入声缉韵（第512页），"湿"失入切，诗山方言文读"sip阴入4"，白读"cioʔ阴入4"。又《宋本广韵》入声烛韵（第443页），"粟"相玉切，诗山方言文读"siok阴入4"，白读"cik阴入4"。"湿"与"粟"白读音近，应可互代。且敦煌吐鲁番文献里若用粮食做抵押，一般用"麦"或者"粟"，也可证"湿"应指"粟"。"碎"即"细"，依诗山方言，"碎"(sui 去声 21)与"细"(sue 去声 21)，音近应可互代。诗山方言将"小"说成"细"，如：细子(小儿子)。

6. 便：借，贷。

(1)《丑年(821)灵修寺寺户团头刘进国等请便麦牒》：

……各请便种子麦伍驮，都共计贰拾驮。右进国等贷便前件麦，其麦自限至秋，依时进国自勾当输纳，如违限不纳，其斛斗请倍，请乞处分。

(《辑校》第 92 页)

(2)《酉年(829?)行人部落百姓张七奴便麦契》：

……于灵图寺僧海清处便佛麦陆硕，其麦限至秋八月内还足……

(《辑校》第 113 页)

(3)《(年代不详)阿骨萨部落百姓赵卿卿便麦契》：

……今于灵图寺佛帐家物内便麦两汉硕，〔其〕麦自限至秋八月内送纳寺仓足，如违，其麦〔请〕〔陪〕〔倍〕为肆汉硕……

(《辑校》第 122 页)

(4)《丑年(821?)五月金光明寺直岁僧明哲请便麦粟牒》：

金光明寺 状上 贷便麦拾伍驮，粟伍驮……

教授都头仓贷便前件斛斗，自至秋八月填纳……

(《辑校》第 97 页)

从诗山老年人话语里有时可听到:我目前野困难,汝荷我稍圆扁几日(我目前很困难,你让我稍许借几天)。圆(ī阳平24)扁(bī阴上53)几(gui阴上53)日(lit阳入23),意为借几天。"扁"文读"bian去声21",白读"bī阴上53";"便"文读"bian去声21",白读"bī去声21"。"扁"与"便"音可通,可互代。在诗山方言里,"扁"可作"借",敦煌吐鲁番文献里音近字可互代,"便"也可作"借"。在《辑校》里,"便"作"借"的例子极多,且"便"可以与"贷"连用(贷便),也可证"便"有"借贷"之意。"便"作"借""贷"在唐朝时应是一种习惯用法。

7. 儭:即"贰",借,借贷。

(1)《己丑年(929?)龙家何愿德贷褐契》:

……龙家何愿德于南山买买(卖),欠小(少)褐,遂于永安寺僧长千面上儭出褐叁段,白褐壹段,比至南山到来之日,还褐六段……取褐人何愿德(押)

（《辑校》第188页）

(2)《甲午年(934)邓善子贷绢契》:

……邓善子欠少匹物,遂于邓上座面上儭生绢壹匹,长叁丈捌尺五寸,福(幅)壹尺九寸,又儭生绢壹匹……贷绢人邓善子押

（《辑校》第194页）

（3）《乙未年（935？）押衙就弘子贷绢契》：

……押衙就弘子往于西州充使，欠少绢帛，遂于押衙阎全子面上儽生绢壹匹，长肆拾尺……

（《辑校》第 197 页）

（4）《辛丑年（941）贾彦昌贷绢契》：

……贾彦昌缘往西州充使，遂于龙兴寺上座心善面上贷生绢壹匹……又贷帛拖（絁）绵绫壹匹……自儽后，西州回日还利头好立机两匹……儽物人贾彦昌（署名）

（《辑校》第 205 页）

《康熙字典》子集中人部："儽，《集韵》而至切，即贰字。"又《集韵》上册第 473 页："贰、儽，而至切。"贰、儽同在一小韵内，应同音。贰，诗山方言文读"li 去声 21"，白读"lŋ 阳上 31"。借，诗山方言读"ge 阴上 53"，详下。

"借"，诗山老辈人说"果软"（ge 阴上 53 lŋ 阴上 53），如：共汝果软五箍（向你借五元）、共汝果软几日（向你借几天）。也可写作"过贰"，如：共汝过贰五箍（向你借五元）、共汝过贰几日（向你借几天）。

诗山方言的"果软"（过贰）为同义并列词。"软"方言白读"lŋ 阴上 53"，"贰"方言白读"lŋ 阳上 31"，"软""贰"应可互代（依据邵荣芬《敦煌俗文学中的别字异文和唐五代西北方音》，《中国语文》1963 年第 3 期）。例（1）"儽"

与"取"互代,例(2)"偰"与"贷"互代,例(4)"贷"与"偰"互代,且依文意"偰"即"贰",应指借、借贷,从诗山老辈人的说法中,也可证"偰(贰)"应为借、借贷。

8. 于:即"举",借也,雇也。

(1)《戊戌年(878)洪润乡百姓令狐安定雇工契》:

……洪润乡百姓令狐安定为缘家内欠阙人力,遂于龙勒乡百姓就聪儿造作一年,从正月至九末,断作价直,每月五斗……

(《辑校》第248页)

(2)《庚子年(940?)洪润乡百姓阴富晟雇工契》:

庚子年三月一日,洪润乡百姓阴富晟为家中乏少人力,遂雇同乡百姓阴阿朵造作一年……

(《辑校》第268页)

(3)《戊申年(948)敦煌乡百姓李员昌雇工契》:

……敦煌乡百姓李员昌为缘家欠少人力,遂于赤心乡百姓彭铁子男章三,正月至九月末,断作雇价每月麦粟壹驮……

(《辑校》第272页)

(4)《癸未年(983?)龙勒乡百姓樊再升雇工契》:

……龙勒乡百姓贤者樊再升伏缘家中欠少人力,遂于效谷乡百姓汜再员造作营种,从正月至九月末为期,每月算价壹驮……自雇已后……

(《辑校》第283页)

例（1）"遂于龙勒乡百姓就聪儿造作一年"，例（2）"遂雇同乡百姓阴阿朵造作一年"，例（3）"遂于赤心乡百姓彭铁子男章三"，例（4）"遂于效谷乡百姓氾再员造作营种"，此四例的句式实际上是相同的，区别在于例（2）用了动词"雇"。例（1）、（3）和（4）的"于"应是具有"雇、借"之义的动词，否则句意不通。例（1）"遂于"后面指明"断作价直，每月五斗"，例（3）"遂于"后面指明"断作雇价"，例（4）"遂于"后面指明"自雇已后"，这都说明一开始不是"雇"。像这类句式在当时或许是一种习惯通语，不说"雇"，而说"借"，采用一种委婉的说法，和我们今天说"请保姆"，而一般不说"雇保姆"是一样的。

诗山老辈人常用同音字"果"（ge 阴上 53）或音近字"过"（ge 去声 21）代替"借"。如：共汝果五箍（向你借五元）、共汝过五箍（向你借五元）。

"过"可作"借"，又见《敦煌变文集·燕子赋》："凤凰语雀儿：'急还燕子窟，我今已判定，雀儿不合过。朕是百鸟主，法令不阿磨……'"

举，诗山方言读"gw 阴上 53"，与"过"（ge 去声 21）音近，应可互代。于，遇合三平鱼影；与，遇合三上语以；举，遇合三上语见（见《方言调查字表》）。据《宋本广韵》第 48—49 页，"与""于"同在鱼韵，韵母应相同。唐五代西北方音"以""影"可代用[1]，可知"与""于"音近可互代。"举，对举也。从手与声。"[2]已知"举""与"同音，又因"与"和"于"可互代，故"举"和"于"应也可互代。"举"属见母，"于"属影母，但在闽南方言里有原属影母的字其声母的读音变为"g"的例子，如：蛙，影母，诗山方言文读"wa 阴平 33"，白读"gue 阴平 33"。水蛙，也可证"于"的声母变为"g"与属见母的"举"（诗山方言声母为"g"）相吻合。综上，"于""举"方音可通，可互代。又敦煌文献里"举"常作"借"，"举""取"可互代作"借"，"举取"连用作"借"，也可证"于"应为"借"。如《吐》册七第 526 页："麟德二年正月廿八日，宁昌乡人卜老师于高参军家人未豊边举取钱拾文，月别生利钱壹文。"又例（3）、（4）"于"与"雇"前后文可互代，也可证"于"应释为"雇"。

9. 取：借、雇。掣：借、租。税：借、租。

（1）《辛未年（971?）押牙梁保德贷褐还绢契》：

……押牙梁保德往于甘州去，欠少匹帛，遂于洪润穆盈通面上取斜褐壹拾肆段，断生绢壹匹，长叁丈玖尺……

---

[1] 邵荣芬：《敦煌俗文学中的别字异文和唐五代西北方音》，《中国语文》1963 年第 3 期。

[2] 朱骏声：《说文通训定声》，中华书局 1984 年版。

买（贷）绢人梁押牙（押）……

（《辑校》第 228 页）

（2）《甲寅年（894）龙勒乡百姓张纳鸡雇工契》：

……龙乡百姓张纳鸡家内欠少人力，遂取神乡百姓就
憨儿造作一年，从正月至九月末，断雇价月麦粟一驮……

（《辑校》第 250 页）

（3）《丁未年（947?）常乐副使田员宗手上领得新税
羊凭》：

丁未年十一月廿五日常乐副使田员宗手上领得新税
羊肆拾肆□，恐后□加，用为后记。（押）

同卷有：

丙午年二月十九日税已年出羊人名目、丁未年四月十
二日米羊司就于常乐官税掣家羊数名目、辛亥年正月廿七
日紫亭羊数名目等。

（《辑校》第 377 页）

（4）《乙亥年（915?）金银匠翟信子等三人状》：

金银匠翟信子曹灰灰吴神奴等三人状右信子等三人，
去甲戌年缘无年粮种子，遂于都头高康子面上寄取麦叁
硕，到当年秋断作陆硕……

（《辑校》第 420 页）

诗山方言中"借"（zioʔ⁴阴入），老辈人说成"取"

（cuɑʔ⁴阴入），本字应是"掣"。《宋本广韵》入声薛韵（第480页）："掣，挽也。昌列切，又昌制切。"但一般乡下人都不写作"掣"，因不知道它的本字，而是写作"取"。《说文解字注》十二篇下女部（第613页）："娶，取妇也，取彼之女为我之妇也，经典多段取为娶，从女取声，说形声包会意也。"娶，方音为"cuɑ去声21"，"娶"与"取"声旁同，应同音。又据《上古音手册》（第109页），"取""娶"的音韵地位同为"侯、清、上"，"取""娶"应同音。"取"与"掣"音近，应可互代。税，租也（《中华大字典》午集第198页）。方言"租"说成"税"，如：

一间税我（一间租我）。

税五年（借五年）。

税五年（租五年）。

例（3）的"税掣"试释为"租借"。

诗山老辈人一般不说"借"，而说"取"（cuɑʔ⁴阴入）。如：共汝取十箍（向你借十元）、十箍取我（十元借我）。这或许是一种委婉的说法。方音"断"（dŋ阳上31）与"转"（dŋ阴上53）音近可互代。例（1）指明是转作生绢多少，契约末写明买绢人梁押牙；例（2）指明转作雇价；例（4）指明转作价陆硕。以上可说明，"取"原作"借"，但在市场交易运作过程中，买卖关系、雇佣关系凸显。《唐建中三年（782）马令痣举钱契》（《敦资1》第465页）："举钱人马令痣年廿，同取人母苑二娘年五十，同取人妹马二娘年十二。"句中"举""取"可互代，也可证"取"作"借"应可信。《吐》册七第526页中"举""取"常连用，如"……举取钱拾文，月别生利钱壹文……"

举，借贷，见《汉语大词典》。如清顾炎武《答再从兄书》："孰使我倍息而举，半价而卖，转盼萧然，伍子吹篪，王孙乞食者乎？"综上，"取"应作"借"。

例（4）中的"秋"，不像是指秋天。诗山方言的"偿还""赎回"，老辈人说成"ciu阴上53"，而这与"秋"（ciu阴平33）音近可互代，民间一般用"秋"（ciu阴平33）、"树"（ciu去声21）、"须"（ciu阴平33）三字互代。文中的"秋"试释为"偿还"。

10. 唤：借、租。

（1）《癸未年□文德雇工契》：

……龙勒乡□□□文德，欠阙人力，遂于赤心乡贺康三雇取□不得工一日，每月来驼，春衣汗衫□□□□□鞋一两，春汗衫□限□□□□□□□或若车牛笼具镰刀为却牛畜唤池人田种一□非以人当牛畜□死主人字姓便是作无裴□□□□□□不许先悔。

（《敦资1》第340页）

（2）《癸未年（923?）龙勒乡□文德雇工契》：

……龙勒乡□□□文德欠阙人力，遂于赤心乡贺康三雇取□不得工一日，每月麦馱，春衣汗衫□□□□皮鞋一两，春衣为□限至□□□□□□□□一□或若车牛笼具镰刀为却牛畜，唤池（他）人田种，一仰非以人当，牛畜病死，主人字姓便是作儿无裴（赔）恐□无本，立此□契，不许先悔……

（《辑校》第 260 页）

据文书内容，"非"即"赔"，"字姓"即"质牲"，"馱"即"馱"。文献里这类同音或者音近字互代常见。

笔者认为，例（1）"为却"之下应加逗号。"为"即"被"，"却"即丢失，"为却"意指"被人捡去"。诗山方言，如：手表落失，荷农却去（手表丢掉，被人捡去）。

捡，诗山方音"kioʔ阴入4"，本字应是"掬"，乡下人一般用"却"代替。《宋本广韵》入声屋韵（第 434 页）："掬居六切说文撮也。"捡是阳声韵，不可能读"giok阴入4""kioʔ阴入"。掬，诗山方言文读"giok阴入4"，白读"kioʔ阴入4"。又《宋本广韵》入声药韵（481页）：却，去约切。"掬"（kioʔ阴入4）与"却"（kiok阴入4）音近应可互代。

又如《吐》册七第 360 页："两日始得一车，一人专刘，一人□苇并却叶，乞知之。"这个"却"应是"掬"，捡也。例（1）"牛畜唤池人田种一"之下缺一字，疑是"日"字。

"死主人"之前缺一字,疑是"人"字。"非以人当牛畜"之下应加逗号。

方言的"便"可作"据"解,如:便说伊早死了(据说他早死了)。例(2)"主人字姓便是"之下应加逗号。"作儿无裴(赔)",意指作儿当牛畜干活死了,主人不必赔他。依文意,文中的"唤"应指"借"。"借"或"租",诗山方言念"uā阳平24",乡下人常用"换"(wā去声21)或"碗"(wā阴上53)代替。如:五箍换我,且碗几日(五元借我,暂借几天)。

"换"作"借",如:

……无极世界男女之人,生世无道,劫盗人物,肆行凶逆,伤害人命,刀戟刺射,无所顾虑,换贷不还,取求无足,其罪深重……

(古《灵宝经》,《中华道藏》[1]第3册第287页)

又如:

……崔儿共燕子:"别后不须论。室是君家室,合理不虚然。一冬来修理,浼落悉皆然。……"

(《敦煌变文集·燕子赋》第265页)

文中的"共"即"讲"也,诗山方言"讲"(gong阴上

---

[1] 张继禹:《中华道藏》,华夏出版社2004年版。

53)与"共"(gong去声21)音近可互代。"涴"与"碗"同声旁"宛",而"碗"诗山方音为"wā阴上53","涴"与"碗"应同音。落,居也(《中华大字典》未集第285页)。"涴落"即"借居"。[1]诗山方言"借"(wā阳平24)与"换"(wā去声21)音近应可互代,而"唤"与"换"同属声旁"奂","唤"应与"换"(wā21)同音。"换"(wā去声21)、"唤"(wā去声21)与"碗"(wā阴上53)、"涴"(wā阴上53)音应可通,可互代。综上,"唤""涴"应作"借",或"租"。

11. 社:即"赊",借也。

(1)《丁酉年(937)社人吴怀实遣兄王七承当社事凭》伯3636:

社户吴怀实自丁酉年初春便随张镇使往于新城,其乘安坊巷社内使用三赠,怀实全断所有。罚责非轻,未有排批。社人把却绵绫二丈,无物收赎。今又往新城去,今遣兄王七口承,比至怀实来日,仰兄王七追赠。或若社众齐集,破罚之时,着多少罚责,地内所得物充为赠罚。若物不充,便将田地租典。取物倍(赔)社。或若怀实身东西不来,不管诸人,只管口承人王七身上。恐后无人承当社事,故勒口承人押署为验。丁酉年五月廿五日。

---

[1] 黄幼莲:《敦煌文献里的俗语词》,《浙江师范大学学报》(哲学社会科学版)1987年第3期。

社人吴怀实（押）

口承人男富盈（押）

口承人兄吴王七（押）

（《辑校》第 424 页）

（2）《后晋天福六年（941）社人兵马使李员住等欠麦凭》斯 4812：

天福六年辛丑岁二月廿一日算会，行像司善德欠麦陆硕柒斗粟三硕，余者并无交加凭。

社人兵马使李员住（押）

社人兵马使李贤定（押）

社人氾贤者（押）

社人押衙张奴奴（押）

（《辑校》第 395 页）

例（1）的"赠"应是"赎"，偏旁之误。"罚责"，应是"罚债"，依方音，"债"（ze21）与"责"（ze?4）可互代。"比至"，即"等到"。"勒"，即"立"，方音"勒"（lik23）与"立"（lip23）音近可互代。"身东西不来"，是"死"的讳称。诗山方言一般不说死，而说：伊行了（他走了）、伊无了（他没了）、伊老去了（他死了）、伊走去密（bbi?4）着（他跑去躲起来）等等。"排批"二字，"批"疑是偏旁"比"之误，方言"排比"是常用词，即"安排"，如：伊勿晓排比（他不懂得安排）。"全断所有",即全部转为自己所有。方言"断"(dŋ³¹)与"转"
(dŋ⁵³)可互代。

"借",诗山方言说"赊"(sia³³),赊是常用词,如:赊一
千(借一千),赊一万(借一万)。例(1)、(2)的"社人",应
是"赊人","社"(sia³¹)与"赊"(sia³³)音通,可互代。

例(1)借的是"乘的工具",例(2)借的是"麦、粟"。

本文书中"社人"的"社"应是动词"赊",从例(1)"口承人
(亲口承担的责任人)兄吴王七"也可证"社人"应是"赊人"。

若"社"理解为名词,"社人把却绵绫二丈,无物收
赎"一句就要解释成"安坊巷社内的人拿了绵绫二丈,无
物可偿还",作此解释会无法与下文连接,文理难通。

"其乘"一句笔者试释为:他乘坐的是安坊巷借来
的,使用三次,应偿还债款,归还乘具。"来"(lai²⁴)与"内"
(lai³¹)方言音可通,可互代。

"或若社众齐集"试释为:或许想借的众人集在一起
大骂。这当中隐去了具体情节,比如,想借的人会骂,你
们办事不公平,他为什么可以借,且不偿还债款,我为什
么不能借呢?这个"社众"的"社"也是指"借"。

综上,"社"即"赊",借也。

12. 领六:骗,欺骗。不著:不纳。

(1)严君为借契:□年四月十五日沙州寺户严君为要

斗升驱使，$\boxed{今}$于灵图寺佛帐所便麦参硕，并汉斗，其麦请$\boxed{限}$至秋八月末还足。如违限不还，其麦请$\boxed{陪}$，仍任将此契为令六(疑为"律")，掣夺家资杂物，$\boxed{用}$充麦直……

(《敦资1》第386页)

（2）僧神宝借契：……如违限不$\boxed{还}$，其麦请陪伍硕陆斗。仍任将契为领六(疑为"令律"之讹)，掣夺$\boxed{家}$资杂物，用充麦直……

(《敦资1》第387页)

（3）赵卿卿借契：……如违，其麦$\boxed{请陪}$为肆汉硕。仍任不著领六(疑为"令律")，掣夺家资杂$\boxed{物}$，$\boxed{用充}$麦直……

(《敦资1》第390页)

册注：领六，疑为"令律"。按，依册注，例（1）"仍任将"句在上下文不属，事理不通。笔者以为"领六"若释为"欺骗"，前后文理可通，且"领六"作"欺骗"解，从方言里可以找到旁证。六，诗山方言文读"liuʔ阳入23"；溜，诗山方言文读"liu去声21"。"六"与"溜"为音之转，应可互代。另外，"六"属屋三等，"溜"属尤三等。据邵荣芬先生考证，尤、屋三等可互代。诗山方言里称"骗、欺骗"为"溜"。如：钱贺伊溜去了(钱被他骗去了)；伊是个溜子，野牢溜农分钱(他是个骗子，很会骗人家的钱)。文中的"领六""令六"应视为同义并列词。把契约作为欺骗手段,过去有,现在也有。如:人家来讨债就说"你别怕,有契约在那里,我会还你",而实际上不还,这就是任意将契约作为一种欺骗手段。例(2)中的"任将契为领六"应是当时社会现实的反映。例(3)"仍任不著领六"的"不著",指不纳。着,纳也,见《中华大字典》第1892页注释。

13. 荣:用。荣活:用划。一活:一画(一样)。别荣:不用。亲枝:同宗血缘近亲。

《宋乾德二年(960)史氾三立嗣文书》:

……今无亲生之子,请屈叔任亲枝姊妹兄弟团座商量。□□₁欲议养兄史粉堆亲男愿寿,便作氾三覆(疑为"腹")生亲子。自今己后,其叔氾三切不得二意三心,好须勾当,收新妇荣聘。所有□₂资地水活□₃什物等,便共氾三子、息(媳)并及阿朶、准亭、愿寿各取壹分,不令偏并。或若氾三后有男女,并及阿朶长成人,欺屈愿寿,倚大猥情作私,别荣小□□₄,故非理打棒,押良为贱者,见在地水活业□□₅壹分,前件兄弟例,愿寿所得麦粟债伍拾硕,便任叔氾三自折升合,不得论算。其□□₆分愿寿自收,任便荣活。其男愿寿后收□₇妇,渐渐长大……今对亲技众座,再三商议,世世代代子孙□₈女,同为一活,押字证见为凭,天转地回,不(下缺)。

(《敦资1》第472页)

□□₁疑为"汜三"，□₂疑为"家"，□₃疑为"业"，□□₄疑为"愿寿"，□□₅疑为"愿寿"，□□₆疑为"麦粟"，□₇疑为"新"，□₈疑为"男"。

荣，方音"iŋ阳平24"；应，方音"iŋ去声21"：二字音可通，应可互代。方言"应"指"用"，如，不应（不用）、免应伊（不必用他）、毛应个（无用的）。《吐》中"应"写作"因"，"因"（in阴平33）、"应"（iŋ去声21）音之转，可互代。如：《吐》册五第9页《唐贞观二十年（646）赵义深自洛州致西州阿婆家书》："共义深遣許来，无因信人时，义深不用信，阿婆努力自用。"这里的"无因"指"不用的"，"信"指"送"。据张相《诗词曲语辞汇释》，"不应"，即指"不须"。按：无因、别荣、不应，应视为同义的不同写法。

"活"（uaʔ阳入23）与"画（划）"（ua阳平24）音可通，可互代。"荣活"，即"用划"，意指安排、划算。"同为一活"，即"同为一画"，意指同是一样看待。且"同是一画"之类的话在方言里已成习惯用语。当然"活"也可释为"生存""生计"，笔者认为将"活"释为"画（划）"文理较顺。

14. 利头（里头、梨头、黑头）：利息，利润。元礼生理：原例生利。平章为第：平章为定。勒：立。大例：大例。将去：将死的讳称。

(1)《甲戌年窦跛蹄雇工契》北图生字 25 号：

……作儿贼打将去壹看大倒。

(《敦资 1》第 336 页)

(2)《后梁龙德四年(924)张厶甲雇工契》斯 1897：

……大例贼打输身却者，无亲表论说之分。两共对面平章为定……

(《敦资 1》第 334 页)

(3)《□□年康员进贷生绢契》伯 3501：

……其绢断党利头，见还麦肆硕。其绢面，西州到来限一月填还。若于限不还者，便于乡□生利……恐人无信，故勒此契，用为后凭，押字为定。

(《敦资 1》第 381 页)

(4)《丙辰年僧法宝贷生绢契》伯 3051：

……其绢梨(利)头，立机壹匹，到日填还。若于限不还者，□□□生利。若道上不平善者，并绢及利，壹仰□承人第□□□□取本绢。两共对面平章为第，不许开故立(下缺)为用后验。

(《敦资 1》第 379 页)

(5)《乙未年龙弘子贷生绢契》斯 4504：

……其绢，彼至西州回来之日还绢。里头立机细绌壹匹，官布壹匹。其绢限壹个月还。若得壹个月不还绢者，逐月于乡原生里……但别取本绢，无里头。

（《敦资 1》第 370 页）

（6）《丙午年宋虫雇驼契》伯 2652：

……于限不还者，□□□元礼生理。所有路上驼伤走失……

（《敦资 1》第 345 页）

（7）第 366 页《癸未年沈延庆贷绁契》北图殷字 41 号：

……遂于张修造面上贷绁（一作丝）一匹，长二丈七。黑头还羊皮壹章。其绁（一作丝）限八月末还于本绁，于月还不得者，每月于乡元生利。

（《敦资 1》第 366 页）

利、理、里、梨，因音通可互代。利头（里头、梨头、黑头）：利息，利润；头无实义。"黑头"疑是"里头"之误。生利、生里、生理，因音通可互代。"于乡元生利"，即"于乡原例生利"之简约。文中"于乡原生利"出现次数多，应是当时的习惯用语。"元礼生理"，即"原例生利"，因"礼"（le 阴上 53）、"例"（le 去声 21）音通，可互代。册里的"原例、大例"指的是大家都遵守的乡规通例。直至今天，笔者家乡诗山的乡下人说的话与文中还很相近，如：按乡里原例、按乡里通例、按乡里大例。"大例"，即"大例"之误。"作儿贼打将去壹看大例"中的"将去",是"将死"的讳称。乡下人一般不说"死",而说"去了""毛了(没了)"。

"平章为第",即"平章为定"。据西北方音,"第""定"代用。据诗山方音,"第"(di去声21)与"定"(dī去声21)音通,可互代。勒,即立;勒此契,即立此契。"勒"(lik阳入23)、"立"(lip阳入23)音可通,可互代。

例(3)"便于乡□生利"缺一字为"原"。例(4)"□□□生利"缺三字为"于乡原"。例(6)"□□□元礼生理"缺三字疑为"便于乡"。

附录:福建南安诗山方言语音

1. 声母:

b(玻) p(坡) bb(帽) d(刀) t(特) l(罗)

g(哥) k(科) ŋ(鹅) h(喝) z(遭) c(操)

s(梭)

2. 声调调值:

阴平33 阳平24 阴上53 阳上31 去声21 阴入4

阳入23

(连读常发生变调,例句不标原调)

3. p t k ʔ 兼作入声韵母符号,如:日(lit 阳入)。夹(giɑp 阴入),药(ioʔ 阳入 23),各(gok 阴入 4)。

4. 元音字母上一横代表鼻音,如:麻(bbuā 阳平)梅(bbuī 阳平)。

5. 韵母:略。

参考文献

1. 中国科学院历史研究所.敦煌资料:第 1 辑[M].北京:中华书局,1961.

2. 国家文物局古文献研究室,等.吐鲁番出土文书[M].北京:文物出版社,1981.

3. 沙知.敦煌契约文书辑校[M].南京:江苏古籍出版社,1998.

4. 龙晦.唐五代西北方音与敦煌文献研究[J].西南师范学院学报(人文社会科学版),1983(3).

5. 丁度,等.集韵[M].上海:上海古籍出版社,1985.

6. 敦煌文物研究院.敦煌研究文集[M].兰州:甘肃人民出版社,1982.

7. 陈彭年,等.宋本广韵[M].北京:中国书店,1982.

8. 唐耕耦,陆宏基.敦煌社会经济文献真迹释录

[M].北京:书目文献出版社,1986.

9. 王重民,等.敦煌变文集:上下册[M].北京:人民文学出版社,1957.

10. 邵荣芬.敦煌俗文学中的别字异文和唐五代西北方音[J].中国语文,1963(3).

11. 朱骏声.说文通训定声[M].北京:中华书局,1984.

12. 中国社会科学院语言研究所.方言调查字表[M].北京:商务印书馆,1981.

13. 唐作藩.上古音手册[M].南京:江苏人民出版社,1982.

14. 陆费逵,欧阳溥存.中华大字典:全二册[M].北京:中华书局,1978.

15. 许慎.说文解字注[M].段玉裁,注.上海:上海古籍出版社,1981.

16. 张玉书,等.康熙字典[M].上海:商务印书馆,1936.

《吐鲁番出土文书》词释数例

　　本文选释今天闽南话里所见的《吐鲁番出土文书》（简称《吐》）里的俗语词数例。文中注音，系笔者家乡诗山方音[1]。若写不出本字，用同音字代替。邵荣芬先生《敦煌俗文学中的别字异文和唐五代西北方音》（以下简称邵文）中已考定唐五代西北方音平、上、去可互通。

　　1. 脱：买。偷：买。

　　册一第154页《某人辞为差脱马头事》："无人养马。辞达，赐教差脱马头，冀得专心承奉。"

　　册四第193页《高昌作头张庆祐等偷丁谷寺物平钱帐》："□宁人张庆祐作头，独偷□□寺六纵叠五匹，🖋平文

□二文；大镬二口 平钱□□：羊宍(肉)三脚，平钱二 文 。"

《中华大字典》第 1625 页："脱，吐外切，音蜕，泰韵。"《宋本广韵》："褪，吐内切，队韵。"唐五代西北方音，灰咍与泰相混(见邵文)；今日的闽南方言中灰韵与泰韵相混；又唐五代西北方音"-ŋ尾"和阴声韵可通假的现象相当普遍(见邵文)：由此可知，"脱"与"褪"互代是有可能的。普通话说"买"或"卖"，方言常说"褪"(tŋ去声)，如：一点褪我(一点卖我)、褪一点(买一点)。因此文中的"脱"当是"买"。

册注：偷，据文书内容，疑此字为"输"。

按：依文意，"偷"似不宜视为"输"之误。

据唐五代西北方音，"偷"与"脱"音近，二字互代是有可能的。且据《敦煌资料(第 1 辑)》可知老百姓向寺院租借物为常事，既然可租借，也就有可能直接买。揣文意，文中的"偷"或许是"脱"，"偷"若释为"买"，文理较顺。

2. 靡、躔、靽、蹼：袜(襪)。

册三第 21 页《高昌延和六年(607)碑儿随葬衣物疏》：……脚躔一两……

册三第 59 页《高昌延和十二年(613)缺名随葬衣物疏》：……脚靡一两……

册三第 69 页《高昌义和四年(617)六月缺名随葬衣物

疏》:脚蹼靴一两……

册一第 111 页《北凉缺名随葬衣物疏》:鞣一两……

《宋本广韵》上声纸韵明母:"靡,文彼切。"小韵内有"蹼"。可知"靡""蹼"音同。《宋本广韵》入声末韵明母:末莫拨切,小韵内有"鞣""糒",可知"鞣""糒"音同。《宋本广韵》入声月韵微母:"袜(襪),望发切。"方音"bbɣʔ²³ 阳入",鞋袜。而"糒"方音"bbɣʔ²³ 阳入",米糒(米屑)。由此可证"鞣""袜(襪)"音同。《宋本广韵》入声铎韵明母:"莫,慕各切。"而"蹼"与"莫"同声旁,应同音。依方音,靡(bbɣ²⁴ 阳平)、鞣(bbɣʔ²³ 阳入)、莫(bbɔk²³ 阳入)三字一声之转,应可互代。按:文中的"靡、蹼、鞣、蹼"即指袜(襪)。"脚蹼靴一两",指袜子、靴各一双。

3. 死肉:盐肉,腌肉。

册三第 171 页《高昌重光三年(622)条列虎牙记某等传供食帐二》:"康将,市肉叁节,自死肉十二节,面一九(斛)五斗,供客胡十五人赏。"

册三第 174 页《高昌重光三年(622)条列康鸦问等传供食及作坊用物帐》:"次传面五斗,死肉三节,供三桥一人五日食……次传,市三节,死肉三节……"

盐,方音"sī²¹ 去声",如盐肉(腌肉)、盐菜(腌菜);死,方音"si 阴上"。"盐"与"死"音近可通,应可互代。因此文中的“死肉”疑是“盐肉”，即“腌肉”。

4. 夏：赊，租也。常：扬。了：承担花费。

册四第177页《高昌义和三年(616)汜马儿夏田券》：“义和三年丙子岁润(闰)五月十九日，汜马儿从无良跋子边夏旧墣(业)部田叁畝，[illegible]与夏价床伍□内上(偿)床使毕，依官斛(斛)皃(斗)中取。床使毕干净好，若不干净□，听向风常取。祖(租)殊(输)伯(百)役，仰田主了；渠破水谪，仰耕田人了。”

册三第310页附录：《高昌重光四年(623)孟阿养夏菜园券》：“年癸未岁正月十八日，孟阿养从□主法嵩边夏武成(城)渠菜垣(园)卅步，要迳(经)伍年。未□中无夏价，次四年中，年与夏价银钱贰文。□养夏葱，次夏韮，合二〇禾(乘)。菜垣(园)中役使，渠□水谪，仰阿养了。”

《吐》里“夏”出现次数相当多，“边夏”与“边得、边入、边取、边买、边雇、边赁”等词组结构同，“得、入、取、买、雇、赁”均为动词，“夏”也应是动词。且《吐》里出现了“田主”和“夏田人”(见册五第76页“唐贞观二十三年”)，这个“夏”即“租”无疑。普通话说“租”，方言说“sia阴平”，本字当是“赊”。《说文解字》：“赊：贳买也。段注：‘在彼为贳，在我则为赊也。’”夏，方音“sia去声”(文读)，“赊”与“夏”音可通。因此文中的“夏”即“赊”，租也。

《吐》里"听向风常取"之类句子出现次数较多，应是当时的习惯用语。《吐》里"常"与"裳"可互代。《说文解字》："常：从巾，尚声，市羊切。段注：'释名曰：上曰衣，下曰裳。裳，障也。以自障蔽也。从巾者取其方幅也。引伸为经常字。'"方言常说：门裳好了（门关好了）。"裳"（ciū²⁴阳平），指一扇一扇放好、关好，与一般的"关"有别。裳，文读"siɔŋ阳平"，如衣裳；白读"ciū²⁴阳平"，如裳门（关门）。扬，文读"iɔŋ阳平"，如飞扬；白读"ciū²⁴阳平"，如扬粟（扬谷子）。"常"（裳）与"扬"的白读音同，二字应可互代。按：文中的"常"当是"扬"，作此解释前后文理可通。"听向风常取"是写实也，这在乡下是习见的。

《吐》里"仰田主了""仰耕田人了"之类句子出现次数极多，仅册三至册五共出现23次。《吐》里也出现少例"仰田主承了"，但多例是"仰田主了"，因此不应该简单地视为"承"者略，且"了"作"花费""承担花费"解，这是闽南地区习惯用法。如：伊着了（他应该承担花费）、伊了一千（他花费一千）、伊了野最（他花费很多）、由伊了（由他承担花费）、伊不了不着（他不承担花费不对）。因此文中的"了"似应作"承担花费"解。

5. 毕：发，发酵。

册五第 56 页《高昌延寿九年（632）范阿僚举钱作酱券》："延寿九年壬辰岁四月一日，范阿僚从道人元□□□取银钱贰拾文，到十月曹（槽）头与甜酱拾陆䤵（斛）伍甆（斗），与诈（酢）叁䤵（斛），与糟壹䤵（斛）。甜酱典（觍）梅（霉），瓮子中取。到十月曹头甜酱不毕，酱壹甆（斗）转为苦酒壹甆（斗）。"

毕（bit⁴ 阴入），方言指"发，发酵"。如：糕无毕，硬谷谷（糕无发酵，硬梆梆）；糕毕了，软含含（糕发得好，软松松）。方言"毕"的词义与文中义同。

参考文献

1. 国家文物局古文献研究室,等.吐鲁番出土文书[M].北京：文物出版社,1981.

2. 邵荣芬.敦煌俗文学中的别字异文和唐五代西北方音[J].中国语文,1963(3).

（本文刊载于《敦煌研究》1986 年第 4 期）

闽南方言与敦煌文献研究

　　敦煌文献(《敦煌变文集》《敦煌曲校录》《敦煌资料(第1辑)》)里的不少俗语词在今天的闽南方言里还保留着。要解释这样一种有趣的现象,我想必须追本溯源。

　　今天福建境内的闽南话,并不是福建本土固有的土话。汉以前,居住在福建的就是史书称为闽越的少数民族。中原汉人第一次大规模迁移入闽是西晋末年永嘉之乱后。当时入闽的汉人比较集中地定居在闽北以建瓯为中心的建溪、富屯溪流域,闽东以福州为中心的闽江下游,以及闽南以泉州为中心的晋江流域。这次南下的汉人带来的是当时中原(据史载是河南中州一带)的口语,彼此间应该是较为接近的,所以往后形成的福州、泉州、建瓯及其所属地区的方言也就能较真切地反映隋唐以前的汉语特点。

隋唐时期,中原汉人又几次迁入福建,带来的仍是中原故土的汉语方言。所以新客、旧客彼此在语言上较融洽。[1]

一者由于山川阻隔,受外来影响少,二者由于这种方言本身具有相对稳定性,因此,虽然岁月流逝,但今天诗山的老年人说的还是相当古老的闽南话,在某种程度上可视为当时的中原口语。

西晋灭亡之后,中原动荡不安,凉州被誉为"避乱之国"。中原人大量迁往酒泉、敦煌,文人学士也涌入凉州作暂时的"依柱观",从而使得河西走廊(包括高昌在内)的中原文化蓬勃发展了起来。

南北朝时的洛阳,已是我国佛教的中心,被外国僧侣誉为"佛国"。此后,中原文化便不断地影响河西走廊和西域。

敦煌是古代"丝绸之路"上的重镇。自公元前111年敦煌郡设立以来,它犹如一座历史的丰碑,记载着中国各民族发展融洽的历史。[2]从今天闽南方言里的许多词

---

[1] 参见1962年8月,福建省汉语方言调查指导组、福建省汉语方言概况编写组编的《福建省汉语方言概况》。

[2] 敦煌文物研究所:《敦煌研究文集》,甘肃人民出版社1982年版。

与敦煌文献里的一些俗语词的吻合，可以看到中原汉人在河西走廊一带跋涉的足迹，这对启发和帮助我们从历史语言的角度去研究敦煌文献也许不无益处。

本文选释今天闽南话[1]中与敦煌文献相吻合的俗语词若干例，以供读者参考。文中注的音，是笔者家乡诗山方音，若写不出本字，则用同音字代替。"已知A"，指唐五代西北方音平、上、去可互押（见邵荣芬《敦煌俗文学中的别字异文和唐五代西北方音》，以下简称邵文）。受篇幅限制，有关俗语词仅举一二例说明，考释从简。

1. 共：弄，碰到，遇上。

《敦煌曲校录》第11页，上片：燕语莺啼惊觉梦，羞见鸾台双舞凤，天仙别后信难通，无人共，花满洞，羞把同心千遍弄。下片：叵耐不知何处去，正值花开谁是主，满楼明月夜兰更，无人语，泪如雨，便是思君肠断处。

梦、凤、通、共、洞、弄，均押 ong 韵。共，文读"gong^{21}"，白读"gang^{21}"。方言"共"为常用动词、介词；作动词用时，可作"弄，碰到"解。如汝伓通共伊（你不要弄他）、汝伓通共着伊（你不要碰到他）。按：文中"无人共"

---

[1] 文中的方言材料依据的是南安诗山话。南安诗山与泉州、晋江一带说法同，声、韵、调较一致。中华人民共和国成立前，诗山还常有人到泉州开元寺祭祖。

与"无人语"对应,"共"应是"弄"也。

同册第43页,上片:结草城楼不忘恩,些些言语莫生嗔,比死共君缘外客,悉安存。下片:百鸟相依投林宿,道逢枯草再迎春,路上共君先下拜,如若伤蛇口含真。

按:上片"共"作介词,应作"同、跟"解;下片"共"作动词,应作"碰到,遇上"解。由已知A,可知"道""倒"可互代;而逢(hong²¹)、伏(hok²¹)一声之转可互代。"道逢"当是"倒伏"也。

2. 惠:影。

《敦煌曲校录》第110页:□□□□□,春色渐舒荣,忽睹双飞燕,时闻百啭莺,日惠处处管弦声,公子王孙,赏玩惜芳情。

敦煌文献里"惠""慧"常互代,二字应是同音。诗山人常说:日花团出来了(日影子出来了)、崎日花团里曝(站在日影子里晒)。花(hue⁴⁴),花草。慧(hue²¹),贤慧。由已知A,可知"慧""花"可互代。按:文中的"惠",疑是诗山话里的"花",即影也。

3. 擿木:振目,张目。

《敦煌曲校录·禅门十二时》第130页:鸡鸣丑,擿木看窗牖,明来暗自知,佛性心中有。

《宋本广韵》入声昔韵有"擲"(投也振也搔也直炙切

七)，"掷"下小韵中有"摘"，可见"掷""摘"二字声、韵全同。又《宋本广韵》：郑，去声劲韵，直正切，方音"dī²¹"；掷，直炙切。炙，方音"zī²¹"，如炙枣（油煎的饼）。掷，声旁"郑"，"掷、郑"方音韵母同，且中古音声母同为"澄"，可证"掷"音为"郑 dī²¹"。方言常说"郑目看看"，当是"掷目看看"，即"振目看看"。"目""木"方音（bbɑk²³）同。按："摘木"当是"掷目"。

4. 早保：灶堡，灶。

《敦煌曲校录·第八造作恶业恩》第 173 页：为男女作姻，杀个猪羊屈闲人，须肉会诸亲，倚早保，下精神，阿娘不为己身，由他造业自难陈，为男为女受沉沦。

由已知 A，可知"早""灶"应可互代。若用方音读，全诗除了"保（bo⁵³）"外，押韵很和谐，均押 in 韵［姻（in⁴⁴）、人（lin²⁴）、亲（cin⁴⁴）、神（sin²³）、身（sin⁴⁴）、陈（din²³）、沦（lin²³）］。

会（e³¹），会捆（会睡），会精神（会醒来。按："精神"作"醒来"解）。"会"（e²¹）、"下"（e³¹）方音同，常通借，"倚早保，下精神"，言下之意是靠灶边打个瞌睡，以此来提提精神。

5. 段、体段：样，样子。

《敦煌曲校录·佛说楞伽经禅门悉谈章》第 95 页：……

佛子与众生同体段……行住坐卧无体段,在于众中慢叫唤……

《敦煌变文集·秋胡变文》卷二第157页:举头忽见贞妻,独在桑间采叶,形容变段(改),面不曾妆……腰若柳条,细眉段绝。

样、样子,诗山人常说成"体"或"体段"。如:好体(好样)、好体段(好样)。有时"段"也可指"样",如:伊个(ge²¹)囝总段段好(他的儿子总样样好)。按:上文示例中的"形容变段"即"形容变样","段"不必作"改"。

6. 云:魂。

《敦煌曲校录·缁门百岁篇》第165页:九十之身朽不坚,犹蒙圣力助轻便,残灯未灭光辉薄,时见迎云在目前。

"云"(hun²⁴)与"魂"(hun²⁴)音同可互代。且乡下人常说老年人死之前,屋前屋后常有鬼神号哭等不祥之兆以示"迎魂"。

7. 斗:挑选。

《敦煌曲校录·斗百草·第二》第185页:佳丽重名城,簪花竞斗新,不怕西山白,惟须东海平,喜去喜去觅草,觉走斗花先。

《斗百草》共四首。四首的内容虽有别,但大致上是写选择配偶的条件和表白对爱情的态度。"斗百草",即挑选百草。草,泛指众多的男子或者女子。题意指的是在众多的男子或者女子中挑选意中人。以第二首为例试解。

册注:"名城"原作"明臣"。按:似原作"明臣"较妥。明臣,即明达事理的男子。斗,音"dio²¹",如斗争;挑,音"dio²¹",如挑规半日(挑大半天)。"挑""斗"音同可互代。依方音,押韵较和谐:臣(sin²³)、新(sin⁴⁴)、平(bin²³)、先(sin⁴⁴)。

一、二句暗指选择配偶的条件。三、四句表白自己对爱情的态度。五、六句写自己满怀喜悦之情去选择意中人。觉,睡也;走,跑也。"觉走",指驱赶了睡魔。"花",暗指意中人。

8. 计:都,全。难:乱。奏:走,跑也。

《敦煌曲校录·十恩德·第五乳饷养育恩》第173页:抬举近三年,血成白乳与儿餐,犹恐怕饥寒,闻啼哭,坐不安,肠肚计难翻,任他笙歌百万般,偷奏岂须看。

计,音"ge⁵³",如计不去(全不去)、计来了(都来了)。诗山话作副词的"计"未必是本字,因写本字难,乡下人都用同音字代替。

"难",当是"乱"之误。《敦煌曲校录》第86页:"菊黄芦白雁南飞,羌笛胡琴泪湿衣,见君长别秋江水,一去东流何日归。"册注:"南"原作"难";"见君长别"待校,"见"或系"与"之讹。按:"南"写作"难",系因唐五代西北方音咸摄字与山摄字互代,-m尾与-n尾相混(见邵文)。南,音"lam²¹",南方;乱,音"lam²¹",乱杉乱来(乱来),又音"luan²¹",乱来。"南""乱"音同可互代。

册注:"翻"原作"潘",待校。按:"潘"与"攀"音(pan⁴⁴)可互代。"肠肚计难翻",应是"肠肚计乱攀",即指肚里拉扯,绞痛。

由已知 A,可知"奏"(zau²¹,独奏)与"走"[zau⁵³,走真紧(跑得很快)]可互代。按:"奏",即"走",跑也。敦煌文献里有互代之例。

举(舉、擧),对举也,从手與声。"举""与(與)"音同可互代。举,诗山方音"gw⁵³阴上"。见诗山方音"gī²¹去声"。"见""与"音近可互代。

9. 迷津:尾阵(最后)。细罪句:洗罪久。流浪:老人。

《敦煌曲校录·禅门十二时曲》第137页:……众生在俗须眼利,莫著沉沦守迷津,拔提河头细罪句,菩提树下拯生真。

隅中已,自恨流浪归生死,法船未达涅槃时,二鼠四蛇从后□……无常煞鬼忽然至……

迷,音"bbe²³",如迷信;津,音"din⁴⁴",如天津;尾,音"bbr⁵³",如尾团;阵,音"din²¹",如上阵。按:由已知 A,可知"迷津"与"尾阵"可互代。乡下人常说:尽看尾阵(全看最后)、着守尾阵(应守住最后)。

册注:"细罪句"或系"洗罪恶"。按:细,音"sue²¹";洗,音"sue⁵³",如洗手。句,音"gu²¹",如句子;久,音"gu⁵³",如永久。由已知 A,可知"细罪句"当是"洗罪久"。

册注:"流浪"原作"留朗",待校。按:流,音"lau²⁴",如流水;留,音"lau²¹",如留人;老,音"lau²¹",如老人。由已知 A,可知"流""留"与"老"可互代。

普通话里所说的"人",方音为"laŋ²³"(狼)。"人"的本字应是与狼(laŋ²³)[1]同音。朗,音"laŋ⁵⁴",如明朗;浪,音"laŋ²¹",如波浪。由已知 A,可知"朗""浪""狼"应可互代。按:"留朗、流浪"当是"老人"也。

10. 今尚:经常。

《敦煌曲校录·十二月相思》第 178 页:十月孟冬冬渐寒,今尚纷纷雪满山,□□别君尽□罢,愁君作客在□□。

今,音"gim⁴⁴",如今日;尚,音"sioŋ²¹",如高尚;经,

---

[1] 黄典诚先生说"人"的本字为"农"。"农""狼"方音(laŋ²³)同。

音"gin⁴⁴",如经常;常,音"sioŋ²³",如常来。按:"今""经"音之转可互代,"今尚"疑是"经常"。

11. 段却颠:惰和颠。臭大:懒惰,"臭"无实义。

《敦煌曲校录·竹枝子》第11页:待伊来即共伊言,须改往来段却颠。

《敦煌变文集·燕子赋》卷三第263页:雀儿语燕子:"……头似独春鸟,身如大襁形,缘身豆汁染,脚手似针钉。恒常事臭大,径欲漫胡瓶。抚国知何道,闻我永年名。"

普通话说"懒惰",方言说"段"(duā³¹)或"臭段"(cau⁵³duā³¹)。按:"臭"无实义。普通话说"和",方言说"合"(gap⁴),如合伊去(和他去)。却(gap⁴,又音kiok⁴),退却。"合""却"可互代。却,即合,和也。乡下人言"游荡子"大多指懒惰、放荡一类人,"段却颠"即"惰和颠",作此解释才与文首"恨小郎游荡经年"连贯得上。

"大"(duā²¹)与"段"(duā³¹)音之转可通。"臭大"当是"臭段",即懒惰。

"胡"(hɔ²⁴)与"何"(hɔ²⁴)音同可互代。由已知A,可知"瓶"(ban²⁴)与"扮"(ban²¹)可互代。"漫胡瓶",即"漫何扮"。

12. 行里小:惊里笑(怕里面的人笑)。

《敦煌曲校录》第58页:娘子面,碾了再重磨,昨来忙暮行里小,盖缘傍伴逊夫多,所以不来过。

册注:"逊夫",周本及唐校作"姘夫"。甚妥。

普通话说"怕",方言说"惊"(giā³³),如惊伊(怕他)。行,音"giā²⁴",如行路(走路)。由已知 A,可知"行"与"惊"、"小"与"笑"各可互代。按:"行里小"若作"惊里笑",即"怕里面的人笑",前后意思可通。

13. 却:哭。

《敦煌曲校录·辞娘赞说言》第98页:舍却阿娘恩爱断,好住娘,且须袈裟相对时,好住娘。舍却亲兄与热弟,好住娘;且须师僧同戒伴,好住娘……

册注:"恩爱断",刘书作"恩爱却";"与热弟",刘书作"热弟却"。刘书以下连见许多"却",不可解必有故,待校。

按:刘书原作较妥。原作一连五句句后有"却",属同一句式无疑。"却"(kiɔk⁴)与"哭"(kɔk⁴)音之转可通。"却"不宜删,删掉未免可惜。

14. 松:笨,不聪明。

《敦煌曲校录·失调名》第108页:与君别后,何日再相逢,关山阻隔信难通,情恨切,气填胸,连襟泪落重重。世通荣贵寿如松,寒雁来过附书踪,谓君憔悴损形容,教儿泪落千重。

"世"与"思","如"与"汝",音可通。"寿"(siu²¹)与"想"(siū³¹)音之转可通。

普通话说"笨,不聪明",方音为"song²³",如真松(很笨)。因写本字难,乡下人一般用"松"(song⁴⁴)字代替。"世通"句意指"你想通荣贵实在太笨了",作此解释才与上片的"情恨切,气填胸"连贯得上。

15. 不重金:不定禁,即控制不住。

《敦煌曲校录·南宗定邪正五更转》第126页:……住山窟,坐禅林,入空定,便凝心,一坐还同八万劫,只为体麻不重金。

由已知 A,可知"重"(diŋ²⁴)与"定"(diŋ²¹),"金"(gim⁴⁴)与"禁"(gim²¹)各可互代。"不重金"即"不定禁",指长期坐着,控制不住。

16. 如:磨,折磨。

《敦煌曲校录》第156页:蕴贤和,作规矩,小大安存如子母,欲无口业免人嫌,儿大钥匙分付与。

普通话说"磨,折磨",方音为"lu²³"。因写本字难,乡下人常用"如"(lu²³)字代替,如:活末如死(硬要折磨死)、来如规半日(来磨大半天)。

17. 大:事,事情。

《变文集·舜子变》卷二第133页:阿娘报言舜子:"儿莫

归家,儿大未尽。但取西南角历山,躬耕必当贵。"

普通话说"事",方音为"大"(dai²¹),如:者大(这事)、许大(那事)、无大(没事)。

18. 栽、哉:知。

《变文集·妙法莲华经讲经文》第511页:佛性真如望宝台,只缘功得(德)未全开,天龙四散皆嫌晚,并归依恨不栽……并到来不逢,便是采莲人去。

普通话说"知",方言说"栽(哉)"(zai⁴⁴),如:栽影(知道)、不栽(不知道)。"依"即"伊","依恨不栽"即"伊恨不知"。作此解释才与下文"并到来不逢,便是采莲人去"连贯得上。

19. 直:完毕,干净,清楚。

《变文集·搜神记》第872页第4行:其祭盘上具有饮食,侯光共欢即吃直净尽,诸亲惊怪……

普通话说"完毕,干净,清楚",方言一般说"直"(dit²³),如:食直了(吃光了)、办直了(办完了)、判直了(判清楚了)。

20. 知当、只当:承担,负责。

《敦煌资料(第1辑)》第290页第5行:如后牛若有人识认,称是寒盗,一仰主保知当,不干卖人之事。

同册"知当、只当"共出现14次。

《宋本广韵》:知、只,平声支韵。二字应可互代。诗山方言中"知当"($di^{44}dŋ^{44}$)为常用的习惯口头语,作"承担,负责"解。如:由我知当就是了(由我承当就是了)、厝内伊块(在)知当(家里他在负责)。

参考文献

1. 王重民,等.敦煌变文集:上下册[M].北京:人民文学出版社,1957.

2. 任二北.敦煌曲校录[M].上海:上海文艺联合出版社,1955.

3. 中国科学院历史研究所.敦煌资料:第1辑[M].北京:中华书局,1961.

4. 邵荣芬.敦煌俗文学中的别字异文和唐五代西北方音[J].中国语文,1963(3).

[本文刊载于《杭州师范学院学报》(社会科学版)1987年第1期。写作拙文时曾得到姜亮夫先生的热情鼓励和支持,以及林菁师的帮助]

敦煌吐鲁番文献词语校释

　　本文选释今天闽南话里所见的敦煌吐鲁番文献（《吐鲁番出土文书》简称《吐》,《敦煌变文集》简称《变文》,《敦煌资料（第1辑）》简称《敦资1》)里的俗语词,以供读者参考。文中注的音,系笔者家乡闽南诗山方音[1]。声调问题,详见邵荣芬《敦煌俗文学中的别字异文和唐五代西北方音》(以下简称邵文)。若写不出本字,用同音字代替。因受篇幅限制,有关俗语词仅举一二例说明,考释从简。为便于排版,凡与本文考释的内容无关的繁体字、俗写别字,一般改为通行的简体字。

---

[1] 文中方言材料依据的是福建南安诗山话。

一

　　敦煌文献里的一些物量词,如"腰、量、两、礼、领、具"等,出现次数极多,而用法又较特殊,往往无法凭上下文来确定它的物量数,但是,假如我们拿今天方言里物量词的用法与文献里物量词的用法做比较,就可推测两者的相似之处。如,浙江嵊县、宁海方言,把"裤子一条、裙子一条"说成"裤子一腰、裙子一腰"。又如福建闽南方言,把"毛毯一条"说成"毛毯一领","衣服一件"说成"衫一领","衣服两件"说成"衫两领"或"衫一副","衣服一件、裤子一条"说成"衫裤一领"或"衫一副","衣服一件、裤子一条、鞋一双、袜子一双"说成"衫裤鞋袜一副","一床棉被"说成"一领棉被","棺材一口"说成"棺材一具"。根据今天方言里"领、腰、具"的用法来推测敦煌文献里"领、腰、具"的用法应该说是可行的,因为今天的方言不是凭空产生的,是历史方言的继续。我们还必须承认这样的历史事实,即公元317年西晋王朝灭亡,中原汉人大部分移民江南,以及敦煌河西走廊一带,中原文化、中原汉语方言对江南、敦煌河西走廊一带产生了深远的影响,所以今天江南一带的方言词与唐五代时期敦煌、吐鲁番文献里的方言词存在某些相似之处。"领、两、量、礼"这四个量词在文献里的用法应是相同的。从音韵地位看,"两、量"音韵地位靠近。两,属宕开三上养来;量,属宕开三平阳来。笔者从闽南方言的角度对敦煌曲子词的押韵及敦煌吐鲁番文献里的别字异文进行调查,发现文献里宕摄舒声各韵相混,且"两""量"文献里可互代,也足证"两""量"应视为同音、同义的不同写法。领,属梗开三上静来;礼,属蟹开四上荠来。据笔者的调查,文献里梗摄舒声三四等与齐韵相混,"领""礼"应可互代。若依闽南南安诗山方音,"领"(lig 阴上)、"两"(liū 阴上)、"量"(liū 阳平)、"礼"(文读"li 阴上",白读"le 阴上")这四个字说话音较接近,互代是有可能的。因敦煌文献里音同、音近互代十分普遍,这四个字应视为同义音近的不同写法。基于上面的看法,笔者对敦煌吐鲁番文献里的物量词解释如下。

褶裆一腰(褶裆一条)

《敦资 1》第 336 页

白绫裙一腰(白绫裙一条)

《吐》册三第 61 页

袄袖衣裲褶裆壹腰(袄袖衣裲一件,褶裆一条)

《敦资 1》第 349 页

汗衫褠裆并鞋壹领（汗衫一件，褠裆一条，鞋一双）

《敦资1》第344页

春衣一对，汗衫壹领，褠裆一腰，皮鞋壹两（春衣两件，汗衫一件，褠裆一条，皮鞋一双）

《敦资1》第336页

春衣汗衫壹礼（春衣一件，汗衫一件）

《敦资1》第346页

春衣汗衫壹礼，褠裆袄袖衣襕、皮鞋壹量，共壹对。（春衣一件，汗衫一件，褠裆一条，袄袖衣襕一件，皮鞋一双，共一套）

《敦资1》第346页

京皮鞋壹量并鞋氈拾伍两（京皮鞋一双和鞋氈十五双）

《敦资1》第416页

脚縻一两（脚袜一双。“袜”与“縻”音通可互代）

《吐》册三第59页

脚蹠一两（脚袜一双。“蹠”“靡”“袜”音通可互代）

《吐》册三第61页

脚蹼靽一两（脚袜一双，靽一双。“蹼”与“袜”音通可互代）

《吐》册三第68页

脚米一量（脚袜[1]一双。"米"与"袜"音通可互代）

《吐》册六第 2 页

鞋鞿靴一量并氎（鞋袜一双，靴一双，氎一双。"鞿""蹼"与"袜"音通可互代）

《吐》册七第 70 页

赤黄绫夹裤两腰（赤黄绫夹裤两条）

《敦资 1》第 416 页

京褐夹绫裙衫壹对（京褐绫夹裙一条，衫一件，共一套）

《敦资 1》第 416 页

紫绫夹裙衫壹对（紫绫夹裙一条，衫一件，共一套）

《敦资 1》第 416 页

紫绫裙衫壹对（紫绫裙一条，衫一件，共一套）

《敦资 1》第 418 页

细布衫裤一具（细布衫一件，裤一条）

《吐》册四第 32 页

---

[1] "靡""躏""蹼"与"袜"音通，详见拙文《〈吐鲁番出土文书〉词释数例》。袜（襪）文读"bbi?阳入"，米"bbi 阴上"，二字应可互代。"靡""躏""鞻""蹼""米"此五字即"袜"的不同写法。按：本文所谈的物量词问题并非新作，原文《敦煌吐鲁番文献里的物量词》，刊登在《浙江敦煌学》1988年第 6 期，系内部刊物。

白绢裙衫一具(白绢裙一条,衫一件)

《吐》册三第 122 页

大小练衫一具(大练衫一件,小练衫一件)

《吐》册三第 117 页

脚躔一具(脚袜一双)

《吐》册三第 122 页

脚靡一具(脚袜一双)

《吐》册六第 211 页

面衣一具(面衣一件)

《吐》册三第 122 页

车牛奴婢拾具(车十辆,牛十头,奴婢十人)

《吐》册六第 211 页

二

1. 知当、只当、抵当、之当、知、当:承担,负责。

《敦资 1》第 290 页第 5 行:如后牛若有人识认,称是寒盗,一仰主保知当,不干卖人之事。同册"知当、只当"共出现 14 次。又同册第 338 页:若是驼高走煞,不□□主诸事,一仰修造之当。

《变文》第 250 页第 5 行:身作还自抵当。

《夷坚志》册三第 1248 页第 9 行:妪笑曰:"果有一切方隅禁忌,我自抵当。"

《吐》册五第 145 页:□具有失脱,一仰□□知当。同册第 164 页:若烽上有遗留,官罪,壹仰解知德当。张玉埵悉不 知 。又册七第 273 页:⋯⋯一 仰 □□ 当,侯悉不 知 。 □□□ 刀箭,侯不知。

"知当""只当""抵当""之当"系音近通用,详见拙文《闽南方言与敦煌文献研究》《敦煌文献里的俗语词》。"知当"为同义连文,"知"即"当",且方言"知当"可连文,也可拆开。如:厝里伊块知当(家里他在负责)、厝里伊块知(家里他在负责)。

2. 岁:即"税",租也。正作:尽力地干活,像样地干活。

《吐》册一第 191 页:延昌廿二年壬寅岁二月廿二日康长受从道人孟忠边岁出,到十一月卅日还入正作。岁出价,要得床麦伍拾斛(斛)⋯⋯

《吐》里"边夏""边入""边取""边买""边雇""边赁"等词组结构同,"夏""入""取""买""雇""赁"均为动词,"边岁"的"岁"也应为动词。《中华大字典》第 1500 页:税,租也。方言"租"说作"税",如:一间税我(一间租我)。"税""岁"方音文读为"sue 去声",同音应可互代。又《变

文》中"税"写作"素",如第 687 页第 6 行:自家缝绽由
(犹)嫌拙,阿那个门栏肯素伊。"素"方音白读"se 阳上",
"税"白读"sr 去声",二字音近可互代。素、岁,即"税",
租也。

正作,方言指"尽力地干活,像样地干活",如:伊野
正作(他很像样地干活)、正作农(像样的干活人)。方言
说法与文中之义同。

3. 作人:受人雇用劳动的人。大作人:指做人之中
的强劳力者。

《吐》册三第 361 页:……供六个大作人桃(萄)中食。
同册第 135 至 138 页"作人"出现次数极多,如第 138 页"镇
军作人三人得脱"。

方言中的"大作人"指强劳力者。文中的"作人"指
出卖劳动力的人,这种"作人"或许与前文"岁出"相似,
带有出租性质,不是真正的自由人,待证。

4. 桃:头。券:卷,曲也。华:横。叚:给。鸡子:小
鸡。雏:啄。

《吐》册一第 62 页:随身所有衣物,人不得㪚(认)名,
㤽(认)名湏桃券华(花)生,叚鸡子雏□,镇　　　　　狗
　　　　　……

尽管原文残缺不全,但"桃(头)券(卷)华(横)生,叚

(给)鸡子(小鸡)雏(啄)目,镇 路边 与狗咬"等之类说法,却是今天闽南老年人骂贼时常说的话。

"桃""头"方音同(tou 阳平),可互代。"券",疑是"卷"之误。《吐》里"券""卷"常互代。《宋本广韵》去声线韵:眷,居倦切。小韵内有"弮曲也,又书卷,今作卷,卷同上"。由此可知,卷有曲义。"华"(huɑ 阳平)、"横"(huāi 阳平),二字音之转互代是有可能的。"假",声旁叚,"假"音白读"ge 阴上","叚"与"给"音近,互代有可能。鸡子,方言指小鸡。雏方音"cu 阳上"指"啄",如:雏目(啄眼睛)。《宋本广韵》入声觉韵:啄竹角切,啄、卓同小韵、应同音。《宋本广韵》平声虞韵:雏,音卓。啄,诗山方音文读"deʔ⁴",白读"dɔk⁴"。雏,诗山方音文读"cu³¹",白读"dɔk⁴"。"卓""啄""雏"的白读音同为"dɔk⁴",三字应可互代。原文之意明确,即:若认名会招致来世"头弯曲横生(指难产),给小鸡啄眼睛,被压在路边给狗咬"。此为写实,中华人民共和国成立前,时有小孩在地上被鸡啄坏双眼而成为盲人。

5. 行:还。若:抵押。

《吐》册二第 337 页:桃(萄)中梨枣尽,□桃(萄)行,若曹张二人与冯寺主梨两斛。

按:原"桃(萄)中梨枣尽"后无逗号,今改。

还债的"还"方言说"行"（lziŋ 阳平），如：五元行汝（五元还你）。

"若"，方言白读"luaʔ²³ 阳入"，常指"压"，如：硬若落去（硬压下去）。由"压"转为"抵押"义，很有可能。文中意指，如果萄中梨枣尽，用萄还，抵押曹张二人给冯寺主梨两斛。

6. 漏：泻，拉肚子。

《吐》册七第 395 页：今知上件见患风痫及冷漏，不堪行动。

"漏"（lau²¹ 去声），方言指泻，拉肚子，如：伊归日块漏（他成天在拉肚子）。

7. 勇：健壮，有力气。

《吐》册六第 275 页：妇人无子勇 ☐。☐。

勇（ioŋ 阴上），方言指健壮，有力气。如：伊野勇，通毛病（他很健壮，都没毛病）；伊野勇，会担一百斤（他很有力气，能挑一百斤）。

8. 破饥二枚：簸箕两个。

《吐》册一第 195 页：碗十枚、盆五枚、斗二枚、破饥二枚。

"破"与"簸"，音近可互代；"饥"与"箕"，音同可互代。

9. 趣:厝(房子)。尽身命:死的讳称。

《吐》册五第70页:……阿夷(姨)尽身命,得舍中柱(住)。若不舍中柱(住),不得赁舍与余(馀)人。舍要得壹坚(间)。阿夷(姨)身不出,养生用具是阿夷(姨)勿(物)。若阿夷(姨)出趣余(馀)人去,养生用具尽□□。

尽身命,是死的讳称。"阿夷尽身命,得舍中柱",意指到死得舍中住。"要",即"约",音"io",通代指约定。

房子,方言叫"厝","厝"与"趣"方音同,可互代。"出趣余人去",应是"出厝馀人去",意为出租房子让人家去住。"尽"后空两格,揣测文意姑且填"没收"。出厝,方言指出租房子。且"出趣"释为"出厝"与上文"赁舍"一致,又文中用同音字[夷(姨)、柱(住)、余(馀)、坚(间)、勿(物)]多,"趣"应是"厝"的同音字。

10. 但:等。字:汝(你)。户:何。

《吐》册七第360页:⬜⬜⬜⬜⬜⬜高师及寿将等,时寒未委平安已不?但字行缘户语未了?其牵牛见运苇未足,当叁日计一日得一车。今日到两园谷中,两日始得一车,一人专刿,一人□苇并却叶。乞知之……

"但"(dan去声)与"等"(dan阴上)音可通,可互代。"字"(li去声)与"汝"(li阴上)音可通,可互代。"户"(hɔ阳上)与"何"(hɔ阳平)音可通,可互代。"但字行缘户语未了",似宜作"等汝行缘何语未了",意为我们当时等你一道走,你为何说不呢? 作此解释,才与下文所述的"现在情况更糟了,两日始得一车"连贯得上。方言常采用省略说法,如"我们等你一道走",通常说成"等汝行"。"但"字的另一解是作为一个名词,不过这显得勉强。

11. 剂:债,借债。俗:赎,偿还。

《吐》册三第200页:高宁五月剂僧逋钱九十八文。同册第335页:永安五月剂俗逋绢钱七十一文半。次十月 剂逋 钱七文。

同册第276页:□昌俗张喜儿银钱贰文……□二月十六日入。

同册第274页:高昌甲申岁俗租粟, 张 憙儿捌斗……十二月廿五日入。

《吐》册四第151页:次得前剂□逋钱柒千柒 ☐

《吐》册五第188页:庚寅岁十月剂刾薪壹车参军和洛 ☐ 张众海令狐怀憙十二月廿九日张明憙入。

"剂"(ze 阴平)与"债"(ze 去声)音可通,可互代。"俗"与"赎"音同可互代。逋,即欠,拖欠。

12. 信:送。无因:不用的。

《吐》册五第9页:共义深遣诤来,无因信人时,义深不用信,阿婆努力自用。

《吐》册五第 14 页：……问多富新妇在后去时，有白绫五尺，用作阿妇信……用作两个女信。

《吐》册六第 390 页：手里更无物作信，共阿郎、阿婆作信，贺子大惭愧在。

示例中"作两个女信""作信"中的"信"应作"礼物"解，但"无因信人时"的"信"若作名词"礼物"解，文法难通。笔者认为此"信"应作动词"送"解，且从闽南方言里可找到旁证。《说文解字》："凡奋之属皆从奋。""奋，从奋。段注：'奋奋双声字。'"又，《宋本广韵》去声震韵：信，息晋切。同小韵内有"奋，奋奋也"字。由此可知，"信"可读如"奋"（hun 去声）。而"huī 去声"方言指"送"，本字待考。方言的"huī 去声"与"信"（hun 去声）音之转应可通，互代是有可能的。

"荣"，方音"iŋ 阳平"；"应"，方音文读"iŋ 去声"，白读"iŋ 去声"；"因"，方音"iŋ 阴平"。"荣""应""因"三字音通应可互代。"不用"，方言叫"无应（毛应）"，如：无应他（不用他）。《敦资 1》第 472 页写作"别荣"，如：别荣小□□。张相《诗词曲语辞汇释》认为"不应"，指"不须"。按："别荣""不应""无因"，即"不用"，应视为同义的不同写法。文中的"无因信人时"指"不用的送人时"。

13. 藏、藏：账。在藏：入账。知：即"在"，入也。

《吐》册四第 151 页:并合额得臧钱壹[万] [　　　　]文半……同册第 153 页"负臧钱"出现三次。同册第 152 页:次依案除钱贰千九拾伍[文]□□半,麦壹斗粟贰斗半,在藏。政钱贰拾伍文半,中半,以[案]在藏。

册三第 356 页:……知。□日小食[丸][米][　　]壹斗,中[羹][　　]壹斗。知。六日,小食丸米……知。七日……

"帐"与"藏"(臧),音通,可互代。"入账",方言说"在账",也可说成"在"。如:钱在账了(钱入账了)、已在了(已经入账了)、野毛在(还没入账)。文中的"在藏",指"入账"。

知,方音文读"di 阴平",白读"栽"(zai 阴平)。如《变文》第 511 页:井归依恨不栽。这个"栽"即"知"也,因"知"白读"zai 阴平"与"栽"(zai 阴平)同音互代。《吐》册三第 356 页至第 361 页"知"共出现十次,"知"应是当时的习惯用语。"在"方音"zai 阳去","知"的白读音与"在"音可通,可互代。且"知"作"在",释为"入",与高昌时期的文书制作用语相符。如:《吐》册三第 276 页《高昌张憙儿入俗银钱条记》:□二月十六日入。

14. 秋:赎,偿还也。

《吐》册五第 18 页:贞观廿二年十月卅日,索善[奴][　　]夏孔进渠常田肆亩,要经[　　]年别田壹亩,与夏价大麦五酙;与□□□了到五月内,偿麦使毕;到十月内,偿□□毕。若不毕,壹月麦秋壹酙上生麦秋壹□□,若延引不偿,得揙家资平为麦秋直。若身□西无者,一仰妻儿及收后者偿了。取麦秋之日,依高昌旧故平衷(圆)酙中取。

《中华大字典》第2000页:赎,殊遇切,音树,遇韵。由此可知,赎,读如"树"。而"树"方音"ciu去声"与"秋""ciu阴平"音可通,可互代,故"秋",即"赎"也,音通互代。"赎",在《变文》第820页里写作"须",原文为:"莲花成(城)节度使出勑,须人买(卖)却莲花者,付五百文金钱。须人并总不肯买(卖)却莲花。"因文献里"须"与"鬚"可互代,而"鬚"音为"ciu阴平",故"须""赎"音可通,可互代。须人,指赎回莲花价值的人。

"直",通"值"。"上生"的"生",即利息,蒋礼鸿先生在《吐鲁番出土文书》第一册词释里已作考释。

15. 现(逻):住、驻扎。

《吐》册四第129页:……次冯隆儿、大宋客儿子、索波□、张相愿、史□□、左祐保,右陆人,用玄德门外上现伍日……次赵养悥、左悥儿、樊相悥、李□悥、阴欢子,右伍人,往永昌谷中横城门里逻伍日……

《吐》册四第132页:……次□□□郑海儿贰人,付参军海相,用看客馆伍日……

册四第 132 页注：本件原已被剪为八片，现拼合复原。其第一片与上件末片粘联。

依册注，且两件文书的内容同有"伍日"（一是"往……伍日"，二是"看客馆伍日"），可知两件文书所要办的事情必有关联。

第一件文书从第 128 页至第 130 页"现"共出现 9 次，"逤"出现 3 次，"现"应是当时的习惯用语。"现"，文读"sian 去声"，方言里常作"住、睡"，是老年人的习惯用语。如：倒着现规半日（躺着睡大半天）、伊去娘家现几落日才倒来（她去娘家住好几天才回来）。文中的"现"若解释为"住、驻扎"，可通。"逤"，疑是"還"之误。《宋本广韵》平声删韵：還，户关切又音旋。而"旋"与"现"音可通可互代。如，《吐》册七第 550 页"侧书逤侧读"。按：此句校文为"册书现册读"，详见下文。

16. 不相贬移：彼此不相压，不占便宜。左来右去：指买卖的双方，用物换物，各既是买主又是卖主。二主各了：双方各要花费。还：返，回也，换也。

《吐》册一第 5 页：升平十一年四月十五日，王念以兹驼卖与朱越，还得嘉驼，不相贬移。左来右去，二主各了。

《说文解字》：贬，从贝，皮声。《宋本广韵》去声寘韵：贲，彼义切。小韵内有"贬，益也。陂，倾也。《易》曰'无平不陂'"。由此可知,"陂""陂"应同音,应可互代。文中的"陂"若释为"益","不相陂移"应为"不相益移",指彼此间没有把益处转让,则与上下文不缀。笔者认为文中的"陂"即"陂"之误。今日闽南交易市场上仍然可听到一句习惯口语,即:毛相陂,左来右去,二主各了。方言之意与文中同。"移",疑是"矣",音通互代。"了"词义详见拙文《〈吐鲁番出土文书〉词释数例》。

《宋本广韵》平声删韵:还,反也,退也。又平声仙韵:还,返。据此,文中的"还"应是返,回也,换也。

17. 鸡鸣枕一枚:鸡毛枕一个。攀天系:攀天丝。

《吐》册三第66页:某甲随葬衣物疏:……金银钱二万文,鸡鸣枕一枚……攀天系万万九千丈。

《吐》册四第32页:随葬衣物疏:攀天思(丝)万万九千丈。

《吐》册四补遗第4页:随葬衣物疏:……金银二万文,鸡鸣枕一枚……攀天系万万九千丈。

《吐》册六第211页:随葬衣物疏:……琴(攀)天系万万九千丈……鸡鸣審(枕)一枚。

《吐》册原校"審"为"枕","琴"为"攀",甚的,系音同互代,用闽南方言可证之。"審",应读"婶",而"婶"(zim阴上)与"枕"(zim阴上)音同可互代。"攀",方音"kī阳平",又音"kim阳平",而"琴"音"kim阳平"。"攀"与"琴"系音同互代。

"糸""系"，即"丝"，系偏旁之误，上例"攀天思"可证之，"思"与"丝"音同可互代。

"鸣"，应是"毛"，因方音"鸣"（bbiŋ 阳平）与"毛"（bbŋ 阳平）音近可互代。

仅《吐》册三的随葬衣物疏里，"攀天丝万万九千丈"出现9次，金银钱出现8次，鸡鸣枕出现7次，且在罗列随葬衣物的后面有的还加上一句"右上所条，悉是平存所用物"（详见《吐》册三第 122、69、61 页），末了一般都有"倩书张坚固，时见李定度"等一类惯语，由此笔者推测：这些衣物未必是真的随葬品，很可能是在死者出葬之前，请道人来超度亡魂，在超度时把平生所用之物报一通。从屡次出现"攀天丝万万九千丈"，可见是虚数。在出葬之前请道人来超度亡魂，报随葬衣物等这类风俗在今日的浙江、福建、广东等的少数乡村仍然保留着。另外，文中的金银钱，笔者推测很可能是一种纸钱。这种纸钱，今日的福建闽南称为"金银钱"，规格大小不等，长宽或各六七寸，或各五六寸，或各三四寸。纸的当中涂上金色的粉末就叫"金钱"，涂上银色的粉末（有的用锡粉）就叫"银钱"。至今，浙江、福建、广东等的少数乡村在死者出葬之前超度亡魂时仍要烧这种"金银钱",闽南俗称"金银"。

三

《吐》册七第533页"卜天寿抄孔氏本郑氏注《论语》"(简称《吐·七卜》),经与《十三经注疏》(简称十三经)做比较,发现有一些明显错误。造成错误的原因大致有下面几点:一是偏旁错误,如,"绚"写成"眗"(第535页31行),"商"写成"高"(第536页34行);二是书写潦草不规范,例略;三是漏字增字,例略;四是因避讳而有意写错,如,"民"写作"人",显然是回避唐皇李世民;五是同音、音近字替代。关于第五个问题,笔者认为它有助于说明闽南方音与敦煌吐鲁番文献在音理上有一致性[1],所以下面着重举例说明,并引姜亮夫先生《敦煌学论文集》中的敦煌卷子作为佐证。凡《吐》里较明显的同音(如:人写作"仁"、夏写作"下"、位写作"谓"、闻写作"文"、事写作"士"、德写作"得"、臣写作"辰"等等)字略。

---

[1] 就这一方面,笔者已写就《闽南方言与敦煌吐鲁番文献》一文。此文为1989年浙江敦煌学会年会论文,全文约3万字,未刊出。

1. 于(毛诗阮本)/乎(敦煌卷子)(9次)

于(尚书阮本)/乎(敦煌卷子)(1次)

於(于)(《吐·七卜》)/乎(十三经)(1次)

乎(毛诗阮本)/于(敦煌卷子)(4次)

号(《吐·七卜》)/於(于)(十三经)(1次)

《宋本广韵》虞韵:于、盂、芋,羽俱切。这三个字,方言中文读"u去声",白读"ɔ去声"。豪韵:号、毫、壕、濠,胡刀切,又乎到切。"壕""濠"文读"cʰɔ阳平",白读"ɔ阳平"。而"号"与"壕""濠"同小韵,应同音。模韵:壶、湖、乎,户吴切。而"壶""湖",白读"ɔ阳平","乎"与之同小韵,应同音。"乎",文读"hɔ阴平",白读"ɔ阳平"。综上,"于/於"(ɔ去声)、"乎"(ɔ阳平)、"号"(ɔ阳平)三字音通可互代。

2. 未(《吐·七卜》)/美(十三经)(2次)

"未"方音"bbi去声","美"方音"bbi阴上",音通互代。

3. 乎(《吐·七卜》)/何(十三经)(1次)

"乎"方音"hɔ阴平","何"方音"hɔ阳平",音通互代。

4. 大(《吐·七卜》)/代(十三经)(1次)

"大"方音"dɑi去声","代"方音"dɑi去声",音通互代。

按:"世"口头习惯说作"代","书"写作同音字"大"。

5. 敏(《吐·七卜》)/问(十三经)(4次)

"敏"方音"bbin阴上","问"方音"bbŋ去声","又"方音"bbun去声",二字音近互代。

《吐》册七第549页卜天寿抄《十二月新三台词》及诸五言诗校文如下：

第549页2行，树夏：树下。

第549页3行，想秦：相秦。

第549页4行，忠辰：忠臣。

第549页5行，吐莱：吐叶。遥坒：遥望。

第549页6行，莫醶：莫嫌。

第549页7行，贾日：假日。

第550页9行，不想知：不相知。

第550页10行，潢河：黄河。山夏：山下。

第550页13行，学敏：学问。

第550页17行，他道侧书易：他道册书易。

　　　　　我道侧书□：我道册书难。

第550页18行，侧书遻侧读：册书现册读。

　　　　　遻须侧眼□：现须册眼开。

第551页21行，城河：成河。

按：依闽南方音，"侧"与"册""策"同音。"书"，方言叫"册"（或写作"策"）。第550页17行、18行的校文：一是根据文意，二是根据同音可互代，三是参考家乡解放前的一首顺口溜。这首顺口溜是：他说读册易，我说读册难，读册现册读，现须册眼开。人聪明，书读得进去，方言称之为"册眼开"。

参考文献

1. 国家文物局古文献研究室,等.吐鲁番出土文书 [M].北京:文物出版社,1981.

2. 王重民,等.敦煌变文集:上下册[M].北京:人民文学出版社,1957.

3. 中国科学院历史研究所.敦煌资料:第1辑[M].北京:中华书局,1961.

4. 洪迈.夷坚志[M].北京:中华书局,1981.

5. 陈彭年,等.宋本广韵[M].北京:中国书店,1982.

6. 阮元.十三经注疏[M].北京:中华书局,1983.

7. 姜亮夫.敦煌学论文集[M].上海:上海古籍出版社,1987.

［本文刊载于《杭州师范学院学报》(社会科学版)1991年第5期］

敦煌文献里的俗语词

　　敦煌文献里的不少俗语词在今天的闽南方言里还保留着。本文仅选释一部分俗语词。文中注的音,指笔者家乡诗山方音,若写不出本字,就用同音字代替。因为唐五代西北方音平、上、去可互押,甚至连入声也可互押,所以为节省篇幅,文中凡涉及声调互押问题一律省略。

　　1. 油麻:芝麻。

　　《敦煌变文集·燕子赋》第252页:碎即恰似油麻。

　　按:闽南及浙江青田船寮一带称"芝麻"为"油麻"。如:卖油麻(卖芝麻)。

　　2. 抵当、知当、只当:承担,负责。

　　《敦煌变文集·燕子赋》第250页5行:身作还自抵当。

《敦煌资料(第1辑)》第290页5行:如后牛若有人识认,称是寒盗,一仰主保知当,不干卖人之事。

又同册第288页9行:其舍一买巳后,中间若有亲姻兄弟兼及别人称为主巳者,一仰旧舍主张义全及男粉子、支子只当还替,不干买舍人之事。

《吐鲁番出土文书》册五第145页:更依乡价输送,□具有失脱,一仰□□知当。

"知""只"同属《宋本广韵》平声支韵,两字应可互代。又,"知""抵"方音"di³³",故"知""只""抵"三字应是同音"di³³",应可互代。"知当""只当""抵当",应视为同一个词的不同写法。今诗山话里的"知当"为习惯口头语,作"承担,负责"解。如:厝里伊块知当(家里他在负责)。

3. 早起:早晨。

《敦煌变文集·燕子赋》第252页7行:明日早起过案,必是更着一顿。

《金刚经集注》第16页13行:僧若讷引毗罗三昧经云:早起诸天,日中诸佛,日西异类,日暮鬼神。

按:"早晨",方言叫"早起"。如:早起毛食(早晨没吃)、明早起来(明天早晨来)。

4. 过:借。涴:借。共、广:讲,说。

《敦煌变文集·燕子赋》第265页2行:雀儿启凤凰:"判

付亦甘从。王遣还他窟，乞请且通容：雀儿是课户，岂共外人同。燕子时来往，从坐不经冬。"凤凰语雀儿："急还燕子窟。我今已判定，雀儿不合过……"

同页11行：雀儿共燕子："别后不须论。室是君家室，合理不虚然。一冬来修理，浣落悉皆然……"燕子语雀儿："此言亦非嗔。缘君修理屋，不索价房钱……"

《夷坚志》册二第936页8行：绅不敢言于人，久之，始密与李仲诗说，约使勿广。又同册四第1468页5行：明日，走告倪，且贺之曰："表里皆金。盖示重黄之意兆也……君连中科目，到彼不难。"倪谦谢，约使勿广。

"借"，方言叫"过"（ge⁵³阴上）或"碗"（uā阳平），如：五元过我（五元借我）、五元碗我（五元借我）。"浣"与"碗"同声旁，音应可通。《中华大字典》第1899页：落，居也。"浣落"，即"借居"。"雀儿不合过"，指"雀儿不合借"。

"讲""共""广"的方音分别为"gong⁵³阴上""gong²¹去声""gong⁵³阴上"，三字音可通，敦煌文献里用同音或音近字互代已是常例。"共"作动词并非孤例，《敦煌曲校录》第11页"无人共（无人弄）"中的"共"也是动词，且方言里的"共"为多义动词。再从文中的"雀儿共燕子"与"燕子语雀儿"互文对举，也可证"共"应作"讲、说"解。

5. 曲：贿赂。嘱：贿赂。

《敦煌变文集·燕子赋》第 251 页 15 行：凭伊觅曲，咬啮势要，教向凤凰边遮嘱。又同篇第 252 页 3 行：我且黍为主吏，岂受资贿相遮。

《敦煌掇琐》五言白话诗曰："地下须夫急，从头取次捉，一家抽一个，斟数由（由即犹字）未足。科出排门夫，不许私遮曲。"

《宋本广韵》：嘱，入声烛韵。方言"烛""嘱"同音，文读"ziɔk⁴ 阴入"，白读"zik⁴ 阴入"。方言"嘱"（烛）常指贿赂，如：伊野牢买嘱（ziɔk⁴ 阴入）知州（他很会贿赂官府）、伊硬嘱（zik⁴ 阴入）入去（他很会贿赂官府）。文中的"遮嘱""遮曲"义同，均属同义并列词。按：遮，意指贿赂，见蒋礼鸿先生的《敦煌变文字义通释》第 142 页。觅曲，指找人进行贿赂。方言常说"着找搂"，即指得找人进行贿赂。"找搂"与"觅曲"的组词形式相同。

6. 咀啾：商量。针：贿赂。车：送。

《敦煌变文集·燕子赋》第 252 页 1 行：雀儿美语咀啾"官不容针，私可容车"，叩头与脱，到晚衔不相苦。死相邀勒，送饭人来定有钗。

《金刚经集注》第 231 页 8 行：川禅师云：官不容针，私通车马。颂曰：请君仰面看虚空，廓落无边不见踪，若解转身些子力，头头物物总相逢。

《说文解字注》第 55 页：咀，含味也。哛咀，嚼也。按：哛即哺字。又《中华大字典》第 226 页：苏恭曰：哛咀，商量斟酌之也。

"唤"，疑是"诹"之误。《宋本广韵》虞韵：诹，谋也。同小韵内有"唤"。两者音同应可互代。

咀唤，即咀诹，商量也。

"针"（zɑm³³阴平），方言可作动词"打、注射"解，如：针一针（打一针）、针青霉素（注射青霉素）。有时也可作"贿赂"解，如：伊用钱硬针入去（他用钱硬贿赂进去）。方言里有个别词，如"针""揳"等可作"贿赂"解，或许是从这类词里含有"打进去"的词义引申出来的。

"车"（ciɑ³³阴平），方言里属于多义动词。如：车土（运土）；怀通车伊（不要推他）；伊硬车我承认（他硬压我承认）；伊怀钗，硬车荷伊（他不拿，硬送给他）；车野最荷伊（送很多给他）。

文中的"官不容针，私可容车"，试释为"官府不容许贿赂，私人可以相送"。"拿"，方言说话音"tue²⁴阳平"，因写本字难，常用"钗"代替，"钗"音"tue³³"阴平，与"拿"（tue²⁴阳平）音近可互代。

7. 喔啰：夸奖。当直：判清楚。

《敦煌变文集·燕子赋》第252页5行：遂乃喔啰本典，徒少问辩，曹司上下，说公白健。今日之下，乞与些些方便，还有纸笔当直，莫言空手冷面。

《敦煌变文集·搜神记》第872页4行：其祭盘上具有饮食，侯光共欢即吃直净尽，诸亲惊怪。

《夷坚志》册一第1页18行：有从者入报曰："交直矣。"

"夸奖"，方言叫"o阴平 lo阴上"，本字待考。"喔啰"（un阴平 lun阳平）和"夸奖"（o阴平 lo阴上）音之转可通。"说公白健"，指说公道话有所建树。

方言"当"（dn53阴上）可作"判"解，"直"（dit23阳入）可作"清楚、完毕、干净"解。如：当直了（判清楚了）、当会直（判得清楚）、钱交直了（钱交清楚了）、食直了（吃光了）、作直了（干完了）。

8. 忽硉：忽伸。

《敦煌变文集·燕子赋》第250页15行：燕子忽硉出头，曲躬分疏。

《中华大字典》第1418页：硉，通律。"律"，方音"lut阳入"。普通话说"伸"，方音叫"伸"（lun阴平）。"伸"与"硉"音之转应可通。

9. 破啰：破锣。

《敦煌变文集·燕子赋》第251页11行：无事破啰啾唧。

"破啰"与"破锣"音同可互代。方言常说：毛歹破锣浪拍，伊伓听（没事破锣顺便敲敲，可他不听）。

10. 密箪：墨笔，代笔语。

《敦煌变文集·燕子赋》第252页8行：但办脊背只承，何用密箪相髌。

"箪"，疑是"莁"（草）之误。"笔""草"音同，都念"bi"，应可互代。《宋本广韵》：密，入声质韵。墨，入声德韵。密（bbɑt²³阳入）与墨（bbɑk²³阳入）音之转可通。密箪，即墨笔，代笔语。

11. 尿却：尿流。

《敦煌变文集·燕子赋》第249页6行：与你到头尿却。

"流"，方音叫"扣"（kio²¹去声），如：扣涎（流口水）。《宋本广韵》：却，入声药韵。"却"，方音叫"kiok⁴阴入"。"却"与"扣"，音之转可通。"与你到头尿却"，即"到头与你尿却"，意指到头来让你尿流。方言常说：拍甲伊溅屎尿（打得他溅出大小便），到头来拍甲伊尿扣（到头来打得他尿流）。

12. 并亦：同样揭短处，揭老底。

《敦煌变文集·燕子赋》第249页11行：共你到头并亦。

普通话说"揭发，揭人家的老底、短处"，方言只用一个"亦"字即可。如：伊野牢亦农（他很会揭人家的老底、短处）、共汝并亦到头（跟你同样揭到底）。"并"，方言指"同样，一样"，如：并并有（同样有，一样有）。"共汝到头并亦"或"共汝并亦到头"，方言里是中老年妇女的常用习惯口头语。"亦"的本字或许是"挖"，因"挖""亦"方音同，且"挖"《宋本广韵》属入声黠韵，"亦"入声昔韵，两者音韵地位靠近。原文断句为"共你到头；并亦火急离我门前"，非也。蒋礼鸿先生的《敦煌变文字义通释·待质録》将其改为"共你到头并亦，火急离我门前"，甚是。

13. 恼（脑）子：危急，无路可走。

《敦煌变文集·燕子赋》第252页10行：但雀儿明明恼（脑）子，交被老乌趁急。

同页13行：但雀儿只缘脑子避难，暂时留连燕舍。

普通话说"狼狈，窘迫，无路可走"，方言说"路止"（lɔ去声 ze³³阴平），又音"lɔ去声 zi⁵³阴上"，如：许时路止路竭，毛一个亲情来行动（那时很窘迫，没个亲戚敢来往）；许时野路止，毛处通讨趁（那时实无路可走，没地方可谋生）。文中的"恼（脑）子"疑是方言里常用的"路止"，意为无路可走，危急。从音韵地位观之，两者互代是有可能的："恼（脑）"（lɔ阴上）与"路"（lɔ去声）音之转可通；

"子"与"止"音同,且同是《宋本广韵》上声止韵。

14. 跛跨:跛脚。

《敦煌变文集·燕子赋》第 252 页 15 行:崔儿今亦跛跨。

普通话说"脚",方言叫"ka^{33}阴平"。《宋本广韵》:跨,去声祸韵,苦化切。"跨",方音文读"kua^{33}阴平",白读"ka^{33}阴平"。方言的"ka^{33}阴平"当是"跨"字。又,《中华大字典》第 2223 页:跨,胯或字。《集韵》:胯,股也,或从足。

15. 可膊:脚(穿鞋的部位)。橡:船。

《敦煌变文集·丑女缘起》第 800 页 14 行:两脚出来如露柱,一双可膊似鹿杔(橡),才礼世尊三五拜,当时白净软如棉。

《中华大字典》第 1639 页:膊,龙辍切,音劣,屑韵;铺枚切,音胚,灰韵;芳无切,音敷,虞韵。据灰韵"膊"其一音为"be^{24}阳平"。普通话说"脚",方言叫"跨(ka^{33}阴平)",或"跨膊(ka^{33}阴平 be^{24}阳平)",如:大跨(大脚)、大跨膊(大脚)。诗山话常说,大跨膊,跨膊像大船(大脚,脚像大船);或者说,跨膊像鹿船(脚像鹿船)。"可",方音为"kɔ^{53}阴上"。"跨"与"可"音之转可通。"可膊",即"跨膊",脚也。"橡",当是"船",音同互代。"一双可膊似鹿杔(橡)",即"一双脚像鹿船",意指脚掌前翘后翘像船样。

16. 酸屑:讥讽,中伤。

《敦煌变文集·丑女缘起》第 800 页:……信心布施,直须欢喜,若人些些酸屑,则知果报不遂。前生为谤辟支迦,所以形容面貌差……只为前生发恶言,今朝果报不虚然;毁谤阿罗叹果业,致令人貌不周旋。

《宋本广韵》:削,入声,药韵,息约切。削,方音"sia阴入",喉塞、短促调,如:削竹。屑,入声,屑韵,先结切。方音"siat阴入",如:一屑团(一点点)。"削"与"屑"音之转应可通。诗山中老年人有一句习惯口头语:伊野牢酸削农(他很会讥笑、奚落人家)。按:文中的"酸屑"当是指"讥讽,中伤",做此解释前后意思就连贯得上。"酸"的本字或许是"讪"。《宋本广韵》:讪,平声,删韵,谤也;酸,平声桓韵。讪,方音"suan阴平";酸,方音"suan阴平"。"讪"与"酸"音可通。且方言的"酸"与"削"均可作"讥讽、中伤"解,如:伊俩块酸来酸去(他俩在互相讥讽、中伤)、伊俩块相削(他俩在互相讥讽、中伤)。

17. 亡空便额:瞎说,胡说八道。

见《敦煌变文集·庐山远公话》第185、186页。

"亡""忘""妄"三字音韵地位同,应可通。忘空,即妄空,凭空。便额,读"bian²¹去声 ŋiaʔ²³阳入",喉塞、短促调,诗山方言为"肯定,一定",是当地人常用的口头语。如:伊便额会来(他肯定会来)。福建大田县说闽南话的人,常在对话里出现"便额",如,甲问:"者项大志有

哪（这件事有吗）？"乙答："便额（肯定）。""亡空便额"，即
"凭空肯定"，转个弯为"瞎说，胡说八道"。

《敦煌变文集·庐山远公话》第185页，道安先是威斥
善庆"亡空便额（胡说八道）"，接着指出"汝见今身，且为
下贱，如何即得自由佛法……汝可不闻道外书言，堪与
言即言，不堪与言失言……听经时光，可昔（惜）汝不解，
低头莫语，用意专听"。这些话与斥责善庆"不懂，胡说
八道"是一回事。同册第186页，"贱奴拟问经文，座主忘
空便额"意为"我要问经文，而你座主却说我是胡说八
道"。做此解释与紧接着斥道安"以皃（貌）取之"，不是
"行平等之心"才连贯得上。

18. 罪：行。

《敦煌变文集·不知名变文》第820页11行：婢女却道：
"……之者得罪磨（麽）？"善惠便道："逢着儿儿布施，逢着
女人布施，逢妻妻布施，得罪磨（麽）？"女人却道："得。"

普通话说"行"，方言说"最（zue²¹去声）"。方言的
"最"（行）一般出现在对话里，如，甲问：者款创会最哪
（这样做能行吗）？ 乙答：会最（能行）。"罪"，方音"zue³¹
阳上"。"最"（zue²¹）与"罪"（zue³¹）音可通，可互代。文中
的"之者得罪麽"，即"这样的话能行吗"。

参考文献

1. 王重民,等.敦煌变文集:上下册[M].北京:人民文学出版社,1957.

2. 中国科学院历史研究所.敦煌资料:第1辑[M].北京:中华书局,1961.

3. 国家文物局古文献研究室,等.吐鲁番出土文书[M].北京:文物出版社,1981.

4. 金刚经集注[M].上海:上海古籍出版社,1984.

5. 洪迈.夷坚志[M].北京:中华书局,1981.

6. 任二北.敦煌曲校录[M].上海:上海文艺联合出版社,1955.

7. 陈彭年,等.宋本广韵[M].北京:中国书店,1982.

8. 蒋礼鸿.敦煌变文字义通释[M].上海:上海古籍出版社出版,1981.

9. 许慎.说文解字注[M].段玉裁,注.上海:上海古籍出版社,1981.

[本文刊载于《浙江师范大学学报》(哲学社会科学版)1987年第3期]

《木兰花(春风斩断我)》解读

　　《木兰花(春风斩断我)》(《敦煌歌辞总编》上册第537页)本辞皆七言,共八句,通过抒写小木兰的不幸遭遇,反映社会现实黑暗。因文中用了方音和方言俗语词,给阅读带来一定的困难。笔者采用与西北方言有历史渊源的闽南诗山方言做考证,解决了方言俗语词的困扰,从中挖掘该辞篇反映社会现实的黑暗。

　　册校:十年五岁相看过。为道木兰花一朵。

　　　　　九天远地觅将来。移将后院深处坐。

　　　　　又见蝴蝶千千个。由住安良不敢做。

　　　　　傍人不必苦相须。恐怕春风斩断我。

　　原辞:十年五岁相看过。为道木兰花一朵。

　　　　　九天愿地觅将来。馀将后远深处坐。

又见蝴蝶千千个。由住安良不敢坐。

傍人不乃苦项须。恐怕春风斩断我。

上册第588页册注："愿"改"远"，"远"改"院"，"坐"改"做"，"乃"改"必"，"项"改"相"，均从音形相近以逐义，均仍俟证。惟"馀"改作"移"，从龙校[1]。"由住"句不可通，成为全辞之阻梗，极可憾。

本文笔者拟定：

①十年五岁相看过，②为道木兰花一朵。

③九天远地觅将来，④馀将后园深处坐。

⑤又见蝴蝶千千个，⑥由主安良不敢坐。

⑦旁人不仍苦想须，⑧恐怕春风斩断我。

句①②写少女木兰如花般美丽，可她的家庭是底层穷人家庭，她才十五岁就让有钱有势的人来相亲，"相看过"很可能不仅仅是看了，她父母还拿了那金主的聘金，所以才会有下文的"由主安良不敢坐"。

句③④写金主从九天远地来找小木兰，要抓小木兰回去。"馀"即"余（我）"，不必改为"移"。本辞采用第一人称"余（我）"来抒发感情。假如是已被"掠走"，被锁进深闺后院里，都已成为定局，与外人隔绝，就不可能出现

---

[1] 龙校，指龙晦先生的校文。

下文"由主""旁人""恐怕"之类句子,更不可能见到蝴蝶千千个。这个小木兰的家应是乡村破旧平房,穷人家惜土如金,那破旧平房的后面房间顶壁估计已坍塌了,墙也破损了,只好辟做菜园,种上蔬菜瓜果之类,所以才会引来蝴蝶千千个。小木兰为躲避金主来抓她,就在后园僻静处坐着。

句⑤⑥写春天无限美好,蝴蝶千千个,衬托出下文小木兰的无限痛苦、绝望,迸发出"恐怕春风斩断我"的满腔怒火。"由主"点明原因,"安良"应是小木兰的亲人,"不敢坐"表明双方的地位悬殊,这个来抓她的是金主,威风凛凛,不允许小木兰的父母反悔。此两句也包含了她父母既不敢把她赎回来,也拿不出钱赎回她的意思。

句⑦⑧写破损墙外的邻居来探望小木兰,站在墙外议论着,她的父母要赶紧把她赎回来,不然的话就要被抓走了,就是死啊!而小木兰说:你们不必苦苦地想把我赎回来,这是不可能的,恐怕连可爱的春风也要斩断我。这是小木兰悲痛、绝望的愤怒声。

敦煌文献里同音互代、音近互代、偏旁写错是常见的。句④"远"若改为"院",依文意难通。依诗山方音,"远"(hŋ³¹)与"园"(hŋ²⁴)音可通,可互代,依文意可通。

句⑥"由主",方言中指"原因",如:由主伊老父不敢坐落来（原因是他的父亲不敢依照对方开的价钱买下来）。"安良"应是她的亲人，或许是她的母亲。敦煌文献里母亲称作"娘"，"良"和"娘"音可通，可互代。句⑦"傍"应是"旁"，"乃"应是"仍"，均为偏旁写错。"项"应是"想"，二者音可通，可互代。

文中用了两个地道的方言俗语词"坐""须"，这两个俗语词在今天闽南诗山地区的老年人口语中偶尔可听到。今天，诗山极少数的老年人仍旧把"买"说成"坐"（ze^{31}），不过这个"坐"与一般的"买"有区别，一般应按照对方开的价买下来。把"赎"说成"须"（ciu^{53}），依诗山方音，"赎"字文读为"siɔk^{23}"，白读为"ciu^{53}"。当"赎"读"ciu^{53}"时，就与"须"（ciu^{33}，胡须）、"秋"（ciu^{33}，秋天）音近可互代，如《吐鲁番出土文书》册五第 18 页："……若不毕，壹月麦秋壹酐上升麦秋壹□□，若延引不偿，得抵家资平为麦秋直。……取麦秋之日，依高昌旧故平袁（圆）酐中取。"此处"秋"即"赎"。又如：《敦煌变文集·不知名变文》下册第 820 页 7 行："成节度使出勅，须人买却莲花者，付五百文金钱。须人并总不肯买却莲花。"此处"须"即"赎"。

参考文献

1. 任半塘.敦煌歌辞总编:上中下[M].上海:上海古籍出版社,1987.

2. 王重民.敦煌变文集:上下册[M].北京:人民文学出版社,1984.

3. 丁声树.古今音对照手册[M].北京:中华书局,1981.

4. 陈彭年,等.宋本广韵[M].北京:中国书店,1982.

5. 敦煌文物研究院.敦煌研究文集[M].兰州:甘肃人民出版社,1982.

6. 周长楫.闽南方言大词典[M].福州:福建人民出版社,2006.

7. 黄幼莲.《吐鲁番出土文书》词释数例[J].敦煌研究,1986(4).

8. 黄幼莲.闽南方言与敦煌文献研究[J].杭州师范学院学报(社会科学版),1987(4).

《浣溪沙·不忘恩》解读

　　《浣溪沙·不忘恩》(《敦煌歌辞总编》上册第485页)抒写了女主人公不忘夫恩的真挚情感。

　　因文中采用了方言俗语词,给阅读带来一定的困难。笔者采用与西北方言有历史渊源的闽南诗山方言做考证,解决了方言俗语词的困扰。

　　册校:结草衔珠不忘恩。些些言语莫生嗔。

　　　　　比死共君缘外客。悉安存。

　　　　　百鸟相依投林宿。道逢枯草再迎春。

　　　　　路上共君先下拜。遇药伤蛇口含真。

　　册注:"比死"之"比"及下片"共君"之"共",均尚待校。

　　原辞:结草城楼不忘恩。些些言语莫生嗔。

比死共君缘外客。悉安存。

百鸟相依投林宿。道逢枯草再迎春。

路上共君先下拜。如若伤蛇口含真。

本文笔者拟定：

①结草城楼不忘恩,②些些言语莫生嗔。

③比死共君缘外客,④悉安存。

⑤百鸟相依投林宿,⑥道逢枯草再迎春。

⑦路上共君先下拜,⑧如若伤蛇口含真。

本辞时间跨度大,从夫妻两人结草造窝到幻想死后能有来生重逢。场景广阔美丽,可看到城楼、树林、百鸟相依、枯草迎春、蛇含珠。

句①"结草城楼"比喻夫妻结发之地。"城楼"不一定是指高贵有钱的人家,不必改掉。辞中是比喻夫妻结发之地,用"结草"来修饰它,说明这美好的家是来之不易的,结草会让人想象鸟儿建窝,要四处寻草、衔草,无数次地来回奔波辛劳,才能建造一个窝。

句②表明双方在平常生活中难免有些小摩擦,她请求丈夫原谅,不要为这些小事生气。

句③"比死",即"等到死",说明她很可能是在病中。句④她提醒丈夫,在她死后要照顾好自己。"缘外客",民间传说人一死他的魂魄就到了阴间,就与阳间的亲人成了缘分以外的客人,用此提醒丈夫要照顾好自己。

下片她充分展开联想,用百鸟相依、枯草迎春幻想自己能有来生,展现一幅报夫恩的生动画面。句⑧中的"如若"不必改动。民间传说,曾经受过伤被救治过的蛇,嘴里含着珍珠来报答主人,用此比喻自己要报答夫恩。

本辞关键难点在"共"字。"共"在唐宋时应是习惯口语。如:

(1)《五灯会元》下册第1303页:⋯⋯无别共,拨不动⋯⋯

(2)《敦煌歌辞总编·天仙子》上册第127页:⋯⋯无人共,花满洞⋯⋯

例句(1)"共"为动词,应释为"碰""撞"。例句(2)"共"为动词,应释为"弄""扫"。"共"在闽南诗山方言里为常用词,方音"gɑn²¹",可作介词,如"共伊说(同他说)";又方音"gɑn²¹""gɔn²¹",可作动词,如"汝不通共来共去(你不要弄来弄去)""伊腰疼,不通共着伊(他腰疼,不要碰着他)"。本辞中的"路上共君"应释为在路上遇见你。

"比"在敦煌文献里常作"等、等到",《敦煌契约文书辑校》里"比"作"等、等到"的比比皆是,如:

（1）第79页：比至十日已后不用休悔者。

（2）第187页：比至三月十五日，着还出褐叁段。

（3）第188页：比至南山到来之日，还褐六段。

（4）第424页：比至怀实来日，仰兄王七追赠。

（5）第517页：嘱二娘子比三子长成时节。

参考文献

1. 任半塘.敦煌歌辞总编：上中下［M］.上海：上海古籍出版社,1987.

2. 普济.五灯会元［M］.苏渊雷,点校.北京：中华书局,1984.

3. 敦煌文物研究院.敦煌研究文集［M］.兰州：甘肃人民出版社,1982.

4. 沙知.敦煌契约文书辑校［M］.南京：江苏古籍出版社,1998.

《百岁篇·女人》解读

　　《百岁篇·女人》(《敦煌歌辞总编》下册第 1315 页)共十首,本文选其第九、第十两首。

　　《百岁篇·女人》按十岁、二十岁、三十岁至一百岁的时间推移描绘女人的一生。下文对第九、十两首,进行解读。

　　(九)九十余光似电流,人间万事一时休,寂然卧枕高床上,残叶凋零待暮秋。

　　(十)百岁山崖风似颓,如今身化作尘埃,四时祭拜儿孙在,明月长年照　土堆。

　　到了九十岁人生已走到了尽头,死亡降临,生命像电光一样很快消失。"人间万事一时休",四周寂静,老人安睡在临时搭好的高高的床上,在秋天里被埋进山崖的坟墓。

卧在高床上，这是一种临时的特殊处理方法。在闽南，有的地方老人死后就从床上抬出来，放到临时搭好的高床上，以便儿孙绕床跪拜。有的老人死在外面，按民俗不可进屋，认为鬼魂会跟着进屋，只好放在屋外临时搭好的高床上。因有此民俗，所以有的老人病重期间绝对不肯住院，怕死在外面进不了屋里。文中的"卧枕高床上"或许是一种民俗的反映。

下册1322页[0908]注："待"从丁，馀写"大"。"暮"丙写"慕"。末句丙写"秋残叶凋零大慕"。

"残叶凋零"应是死的讳称。"埋"，方音"dai²⁴"，因写本字难，习惯用同音字"台"（dai²⁴）代替，如：台死人，台五人。"大"（dai²¹）、"待"（dai³¹）与"台"（dai²⁴）方言音可通，又据邵文，故"大""待"与"台"应可通，可互代，即"埋"也。"慕""暮""墓"三字方音同"bbɔ21"，可互代。

到了百年，埋在山崖的棺木好像也腐烂了，如今身子已化作尘埃，儿孙四时仍旧在祭拜，明月长年照的只剩下一个土堆。

下册1322页[0909]注："风"费解，待校。

"风似颓"应是"棺似颓"，文理才可通。依民间说法，棺葬的话，一般要九至十年棺木才会腐烂，才可拾骨，把骨放进瓮里，重新置于墓中。照"如今身化作尘埃"，上句应是"棺是颓"，且与上首九十岁"残叶凋零"，被埋进坟墓这时间上衔接一致。

笔者把"风"释为"棺"是有根据的。《中华大字典》1186页：棺，古玩切音贯。又《广韵》平声桓韵"棺""贯"同在一小韵里，"棺""贯"应同音。诗山方言中，"贯"白读"guā³¹"，又音"gŋ²¹"（如：五贯珠子）；"更"白读"gī³³"。"贯"（gŋ²¹）与"更"（gī³³）音近，应可互代。又上册344页"望江南""夜久更阑风渐紧"，册注："更阑"写"风阑"。由此可知，"更"与"风"可互代。

综上，"棺"与"更""风"可互代。

赵州禅师《十二时歌》难词考释

赵州禅师,法名从谂(778—897),俗姓郝,曹州(治所在今山东曹县西北)郝乡人,或云青州临淄(在今山东淄博东北)人,唐代著名禅僧,出家后曾追随南泉普愿,前后侍奉其二十年。据僧传载,从谂受僧众之请,于八十岁时住赵州(今河北赵县)观音院,四十年间,不遗余力,大扬南岳一系禅风。世称"赵州从谂"或"赵州"。[1]

赵州禅师在世传法四十年。他长期生活在寺庙里,《十二时歌》(下文简称《时歌》)是他百十二岁前于赵州观音院所作(《弇州续稿》卷一五六,文渊阁本《四库全书》集部别集卷),是他长期寺庙生活的真实反映。这首诗为不少现代读者所知,这与其语言口语化且形象、生

---

[1] 吴言生:《赵州录校注集评》,中国社会科学出版社2008年版,序二4。

动不无关系。它用了唐代当时的习惯口语,假如对当时的习惯口语不甚了解,就难免会造成阅读上的困难和理解上的错误。笔者对诗文中阻碍阅读的难词做了考释,并联系与中原汉语有历史渊源的闽南诗山方言做佐证。

1. 不唧𠺕:身无分文。

本文后附赵州禅师《时歌》,笔者所据有三个版本:《联灯会要》卷三十(《卍新纂续藏经》第七十九册,No.1557)、《古尊宿语录》卷十四、《禅门诸祖师偈颂》上之下(《卍新纂续藏经》第六十六册,No.1298)。《联灯会要》作"不唧𠺕",另两部作"不唧溜",但笔者从禅宗文献里搜集到的上百个例子,仅个别例子作"不唧溜",所以还是采用"不唧𠺕"为好。

"不唧𠺕"出现在《时歌》段一:

鸡鸣丑,愁见起来还漏逗。裙子褊衫个也无,袈裟形相些些有。裩无腰,裤无口,头上青灰三五斗。比望修行利济人,谁知变作不唧𠺕。

这一段是全诗的总纲,"愁"字贯穿全文,后面都围绕"愁"字展开。作者写的是自己亲身经历的寺庙生活,实际上反映了赵州禅师对当时众多禅僧可悲处境、艰难生活的关注和同情。"比望"句指本来希望修行能有益于救济众人,可没想到自己反而变成这样贫困、这样可怜的人。"不唧嚼"饱含赵州禅师对现实的不满、愤慨之情，这绝非老和尚在嘲弄、嘲笑自己。假如把"不唧嚼"解释为是在嘲弄、嘲笑自己，这《时歌》就无法读通。

《时歌》中的"不唧嚼"与诗山方言的说法相同。不唧嚼＝不＋唧嚼。依福建南安的诗山方言，"一个铜板"叫"唧嚼"，唧即一，嚼即铜板。从前的"一个铜板"，相当于今天的"一角钱"。诗山方言的"zit^{23} lui^{33}"，即"唧嚼"，是有音理上的根据的。《宋本广韵》入声职韵（第 507 页）：唧，子力切。诗山方音"唧"，文读"zik^{23}"，白读"zit^{23}"。《宋本广韵》平声尤韵（第 183 页）：留，瘤，力求切。瘤，肉起疾也，释名曰瘤。诗山方音"瘤"，文读"liu^{24}"，白读"lui^{31}"。诗山话里的"lui^{31}"，常指皮肤上长个疙瘩。"留"与"瘤"同韵同声旁，应是同音。另外，"瘤"（lui^{31}）与"嚼"（lui^{33}）音近，应可通。禅宗文献里常用同音或音近字互代。笔者搜集到的上百个例子，时间跨度大（从唐朝到清朝），地域广，禅僧多，应当不是一时一地的方言涵盖得了的。它应视为是当时的习惯口语，根在中原，应视为中原口语。诗山方言的源头在中原，应是同根同源。笔者认为诗山话的"zit^{23} lui^{33}"，即禅宗文献里的"唧嚼"。依诗山方言，"不唧嚼"原指没有一个铜板，后用它的比喻义指身无分文、很贫穷、很可怜的人。例如：

伊野穷,身边无唧溜(他很穷,身边没一个铜板)。

伊无唧溜,汝不通合伊来往(他很穷,你不要与他来往)。

伊不唧溜荷我(他没一个铜板给我)。

在语言历史的长河中,这个比喻义也有演变,也有发展,该如何解释,应根据具体语境。笔者现举禅宗文献里的例子,以供参考。

(1)咄,未始以前,还有如是消息也,无这一队汉,无端向一毫头上,分宗列派,立彼立此,蚤自不唧溜。点污净白,岂堪矢上加尖,形诸墨楮,安名流布。然事无一向,所谓祖祢不了,殃及儿孙。(《卍新纂续藏经》第八十六册,No.1602-A,《佛祖宗派世谱》序)

(2)腊八上堂:我佛入深山,六载冷相守,中夜一举头,南辰对北斗,于此眼皮穿,一场成漏逗。普观大地人,此事皆具有,至今二千年,公案宛如旧。不见赵州曾有言,修行变作不唧溜。(《卍新纂续藏经》第七十一册,No.1405,《石溪心月禅师语录》卷上)

(3)莫言扫帚竹里无钱筒,篱枝丛内无梁栋,虽然家丑不可外扬,也要诸方眼目定动。而今各自不得已,一任画出这般不唧溜底老冻齈。(《雪峰慧空禅师语录》)

(4)年来老且病,转见不唧溜。裙子褊衫个也无,袈裟

形相些些有。(《环溪惟一禅师语录》)

(5)这三个汉忒煞不唧? ,且放过一边。傍有僧乃曰:和尚也欠唧?在。慈云:山僧道我不如你。(《宗门拈古汇集》卷八)

(6)因普请般米了,坐次,云:"近日不唧?,祇担得一斗米。不如快脱去。"(《古尊宿语录》卷十八)

(7)释迦老子不唧?,十万里来,九年面壁,直指人心,见性成佛。达摩大师不唧?,朝往天台,暮归南岳,拨草担风,寻师访道。衲僧家不唧?,拈拄杖卓一下云:离四句绝百非,动用扬古路,不堕悄然机。(《了庵清欲禅师语录》卷一)

(8)提纲云:尽大地是个住处,不用强安排;尽大地是个当人,何须求影迹。东边住唤作东边长老,西边住唤作西边长老。翻来覆去,横倒竖直,一月之间做出许多不唧?。(《卍新纂续藏经》第八十七册,No.1613,《枯崖漫录》)

(9)自是梁王不唧?,放他走入魏朝来。(《卍新纂续藏经》第七十一册,No.1420,《佛日普照慧辩楚石禅师语录》卷十四达摩大师赞)

(10)……是甚八忍八智四果四向四加行,下上中上上上,天家家人家家,钉椿摇橹,刻剑守株,一总不唧?汉……(《阅经十二种》卷十四迦叶菩萨品)

（11）智过于师，方堪传授，大抵相似，终不唧嚠。（《了堂惟一禅师语录》卷三示小师妙智参方）

（12）此盖不知自身自心来源，既不知身心来源，即此身心障碍不浅，如是不唧嚠做去。岂惟大道终难悟彻了当？（《紫柏尊者别集》卷三示胡德修居士）

（13）这汉无知，不识佛祖，自肯自信，人莫拦阻。呵教毁宗，轻今薄古。指土为金，指金为土，颠倒倒颠，孰与为伍？似恁么不唧嚠，只好贬向无佛世界。（《为霖道霈禅师餐香录》卷二自赞）

（14）昔有婆子，供养一庵主，经二十年。常令二八女子送饭给寺。一日令女子抱定曰：正恁么时如何？庵主曰：枯木倚寒岩，三冬无暖气。女子举似婆。婆曰：我二十年祇供养得个俗汉。遂遣出，烧却庵（千岩长颂云：供他死汉亦徒劳，发我无明把火烧。若是久经行阵者，不妨一箭落双雕。语风信拈云：冷地看来，这婆子也不唧嚠，何待遣出这僧方烧却……）（《优婆夷志》卷一）

（15）独往便休，何为回头，若等个伴，就不唧嚠。（《憨山老人梦游集》渡江尊者赞）

（16）问：逢场作戏时如何？师云：红炉爆出铁乌龟。僧曰：当轩布鼓师亲击，百丈竿头事如何？师云：山僧不信遮活计。僧拟议。师云：不唧嚠汉。（《建中靖国续灯录》卷

十二)

例(7)至例(16)中的“不唧嵧”显然不应释为身无分文、很贫穷、很可怜,该如何解释应根据具体的语言环境。

2. 漏逗:糟糕。

鸡鸣丑,愁见起来还漏逗。

这里写的是夜里一点至三点,深夜里这老和尚辗转反侧,在愁苦中起来见到的是还要糟糕的情景。“漏”有泄露之意,“逗”有显露之意,合在一起应是比喻很糟糕、难看。如:

举僧问德山:“如何是宗门奇特事?”山曰:“我宗无语句,实无一法与人。”师曰:“漏逗了也。”僧问雪峰:“和尚见德山。得个什么便归来?”峰曰:“我当时空手去,空手回。”师曰:“漏逗了也。”睦州唤僧。僧回头。州云:“担板汉!”师曰:“漏逗了也。一漏逗,二漏逗,三漏逗……”(《卍新纂续藏经》第六十八册,No.1318,《续古尊宿语要》)

此六处“漏逗”应释为“糟糕”,因那僧说了禅门忌讳之言。又如:

师云:“看两个老和尚可煞漏逗,对面相谩。”(《卍新纂续藏经》第六十八册,No.1315,《古尊宿语录》卷二十五)

闽南诗山话里的“漏”常指“糟糕”“难看”,如:伊酒席办甲野漏露(他酒席办得很糟糕)、伊穿甲野漏露(他穿得很难看)。

3. 腰、口:量词。

裩无腰,裤无口,头上青灰三五斗。

"腰""口"应是量词。这一句应是指没一条裩、没一条裤,不时有青灰掉到头顶上,一年里掉到头顶上的青灰可达到三五斗。"青灰三五斗"是写住室破烂不堪,外面下大雨,里面壁顶渗漏,年久失修,长满青苔,不时有青灰掉到头顶上,而绝不是说这个老和尚像小丑,很可笑,头顶上顶着的青灰有三五斗。"腰"作量词,如:

褉裆一腰(褉裆一条)(《敦煌资料(第1辑)》第336页)

白绫裙一腰(白绫裙一条)[1](《吐鲁番出土文书》册三第61页)

药山提起示众曰:"法身还具四大也无。有人道得,与他一腰裩。"师曰:"性地非空,空非性地。此是地大,三大亦然。"山曰:"与汝一腰裩。"(《卍新纂续藏经》第八十册,No.1565,《五灯会元》卷五)

又如在浙江嵊县、宁海,老辈人将"裤子一条、裙子一条"说成"裤子一腰、裙子一腰"。口,常作量词,如:一

---

[1] 对"腰"作量词的考释,参见黄幼莲:《敦煌吐鲁番文献词语校释》,《杭州师范学院学报》(哲学社会科学版),1991年第5期。

家五口。又如:内堂一口、西房一口、厨舍一口。

4. 推注:推脱。

行却南家到北家,果至北家不推注。

行却,即走了。禅宗文献里的"却"常作时态助词"了"。推注,应为推脱之意。《宋本广韵》去声遇韵(第346页):注,解也。《宋本广韵》上声蟹韵(第251页):解,脱也。由此可知,推注即推脱。

5. 长:常,常常。

云水高流定委无,历寺沙弥镇长有。

委,知悉。长,常,常常。

诗山方言常说:伊长来(他常来)、伊长长来(他常常来)。禅宗文献里"常"一般写作"长",如:

狸奴白牯念摩诃,猫儿狗子长相见。(《卍新纂续藏经》第六十八册,No.1315,《古尊宿语录》卷二十八)

师谓众曰:"有一人长不吃饭,不道饥;有一人终日吃饭,不道饱。"(《卍新纂续藏经》第八十册,No.1565,《五灯会元》卷三)

6. 油麻:芝麻。

诗山方言"芝麻"叫"油麻"。

附录:《十二时歌》

鸡鸣丑,愁见起来还漏逗。裙子褊衫个也无,袈裟形相些些有。裈无腰,裤无口,头上青灰三五斗。比望修行利济人,谁知变作不唧嘴。

平旦寅,荒村破院实难论。解斋粥米全无粒,空对闲窗与隙尘。唯雀噪,勿人亲,独坐时闻落叶频。谁道出家憎爱断,思量不觉泪沾巾。

日出卯,清净却翻为烦恼。有为功德被尘幔,无限田地未曾扫。攒眉多,称心少,叵耐东村黑黄老,供利不曾将得来,放驴吃我堂前草。

食时辰,烟火徒劳望四邻。馒头馉子前年别,今日思量空咽津。持念少,嗟叹频,一百家中无善人。来者只道觅茶吃,不得茶噇去又嗔。

禺中巳,削发谁知到如此。无端被请作村僧,屈辱饥凄受欲死。胡张三,黑李四,恭敬不曾生些子。适来忽尔到门头,唯道借茶兼借纸。

日南午,茶饭轮还无定度。行却南家到北家,果至北家不推注。苦沙盐,大麦醋,蜀黍米饭蘸蔈苣。唯称供养不等闲,和尚道心须坚固。

日昳未，者回不践光阴地。曾闻一饱忘百饥，今日老僧身便是。不习禅，不论义，铺个破席日里睡。想料上方兜率天，也无如此日炙背。

晡时申，也有烧香礼拜人。五个老婆三个瘿，一双面子黑皴皴。油麻茶，实时珍，金刚不用苦张筋。愿我来年蚕麦熟，罗睺罗儿与一文。

日入西，除却荒凉更何守？云水高流定委无，历寺沙弥镇长有。出格言，不到口，枉续牟尼子孙后。一条拄杖粗棘藜，不但登山兼打狗。

黄昏戌，独坐一间空暗室。阳焰灯光永不逢，眼前纯是金州漆。钟不闻，虚度日，唯闻老鼠闹啾唧。凭何更得有心情，思量念个波罗蜜？

人定亥，门前明月谁人爱？向里唯愁卧去时，勿个衣裳着甚盖？刘维那，赵五戒，口头说善甚奇怪。任你山僧囊罄空，问着都缘总不会。

半夜子，心境何曾得暂止。思量天下出家人，似我住持能有几？土榻床，破芦席，老榆木枕全无被，尊像不烧安息香，灰里唯闻牛粪气。

参考文献

1. 吴言生.赵州录校注集评[M].北京:中国社会科学出版社,2008.

2. 陈彭年,等.宋本广韵[M].北京:中国书店,1982.

3. 中国科学院历史研究所资料室.敦煌资料:第1辑[M].北京:中华书局,1961.

4. 唐长孺.吐鲁番出土文书[M].北京:文物出版社,1981.

5. 沙知.敦煌契约文书辑校[M].南京:江苏古籍出版社,1998.

6. 赜藏.古尊宿语录[M]. 萧萐父,吕有祥,蔡兆华点校.北京:中华书局,1994.

《祖堂集》"不著佛求"名段解读

"不著佛求"这种语句在禅宗文献,比如《祖堂集》《景德传灯录》《古尊宿语录》《五灯会元》《神会和尚禅话录》等传世经典里均有出现。"不著佛求""不著法求""不著僧求""不著众求"在禅宗文献里应属于同一种句式。这种语句在唐宋时代应是一种习惯口语。"不著佛求"里,"佛"是"求"的宾语,属于宾语前置;"不著"为助动词,词义为"应该"或"必须"等,"不"无实义。

又问:"若为得证法身耶?"[师]云:"超毗卢遮那[1]境界。"进曰:"清净法身如何超得?"师曰:"不著佛求。"又问:

---

[1] 同册第113页校注毗卢:即毗卢舍那之略,法身佛之通称。如第112页,帝曰:"如何是踏毗卢头上行?"师曰:"莫认自己清净法身。"

"阿那个是佛?"师曰:"即心是佛。"

(《祖堂集》,第116页)

1. 名段中"不著""超"的词义。

若以现代人的思维方式把"不著"释为"不向""不必"或"不执着于",把"超"释为"超越",这名段现流行的解释是:

> 又问:"怎么样做才能证得法身呢?"师答:"超越毗卢遮那佛的境界。"又问:"清净法身怎么样才能超越?"师答:"不向佛求(或译为"不必求佛"或"不执着于求佛")。"又问:"阿哪个是佛?"师答:"心就是佛。"

若按此翻译,显然不符合逻辑。一是毗卢遮那佛就是法身佛的通称。那僧问:"怎么样做才能证得法身呢?"师却回答他要超越法身佛。这和学生问老师怎样学才能考及格,老师却回答他要超过高才生一样,都是答非所问。二是那僧尚未得到法身,他怎么会提出"清净法身怎么样才能超越"? 三是师既然回答他"不向佛求"(或是"不必求佛"),那僧显然不会再问"阿哪个是佛"。四是既然不必求佛,那为何奇怪地得出"心就是佛"。

翻译存在这些矛盾,关键在于不了解当时的禅僧们用了最贴近生活的方言口语。

《祖堂集》此名段也出现在《景德传灯录》卷五第

100—101页:"问:'若为得证法身?'师曰:'越毗卢之境界。'曰:'清净法身作么生得?'师曰:'不著佛求耳。'问:'阿那个是佛?'师曰:'即心是佛。'"

笔者认为这两个名段里用了古老的闽南方言词,假如我们停留在现代人的语词话语里就无法读通。笔者现以闽南诗山方言的说法做解释。

"超"(ciau^{33}),方言中为常用词,可指"找,寻找,找回,找到",如:荷伊超去咯(被他找回去了);伊超规半曰,无超着(他寻找大半天,没找到)。"越"(uat^{4}),方言中为常用词,可指"回,回到,进入",如:伊越来咯(他回来了)、伊越去内面(他回去里面)、伊越内面去咯(他进入里面去了)、汝越厝内(你回到屋里)。

"不著"(dioʔ^{23}),方言中为常用词,可指"应该,必须,得",如:汝不著食(你应该吃)、汝不著去(你必须去)、汝不著饭食(你应该吃饭)、汝不著汤饮一碗(你应该喝一碗汤)。"不",无实义,仅表语气。

"不"仅表语气,黄聪聪先生在《闽南诗山方言"不"的特殊用法》(《中国方言学报》2013年第3期)一文里已做了详细说明。

笔者现据闽南方言对《祖堂集》此名段进行翻译:

又问:"怎么样做才能证得法身呢?"师答:"要找到毗

卢遮那佛的境界。"又问："清净法身怎么样才能找到？"师答："应该求佛。"又问："阿哪个是佛？"师答："心就是佛。"

"超"应释为"回到"或"进入"。"如何"与"作么生"为同义词，应释为"怎么样"。从"作么生得（怎么样才能得到）"也可证"如何超得"的"超"不应释为"超越"。

《祖堂集》是五代南唐保大十年（952）泉州招庆寺的静、筠二位禅僧编撰的。《景德传灯录》是北宋景德元年（1004）法眼宗禅僧道原编撰。《景德传灯录》晚于《祖堂集》五十年，在流传的过程中，禅僧与老师的对话仍保留原貌原意，说明这对话是可信的。《祖堂集》《景德传灯录》里出现的大量俗语词至今仍存在于闽南方言中，从闽南方言的角度去解读这两段就文理可通，也可证把"超"释为"找到"，把"不著"释为"应该"应是可信的。

2. 禅宗文献、泉州文献里的"不著"可为助动词，"不"仅表语气。

根据《汉语大词典》，古汉语"著"作助动词，犹"得"，表示客观上或情理上的需要，应该、能够等。闽南方言里的"著"与古汉语一样，如"著食、著去、著说"。

闽南诗山方言里的"汝不著饭食（你应该吃饭）"与唐宋时禅宗文献里的"不著佛求"的句式特点一样，"不著"的词义为"应该"，"不"仅表语气，且都保留了古汉语

宾语提前的特点。笔者从禅宗文献里搜集到的这类句式有几十例,现再举两例:

师在盐官殿上礼佛次,时唐宣宗为沙弥,问曰:"不著佛求,不著法求,不著僧求。长老礼拜,当何所求?"师曰:"不著佛求,不著法求,不著僧求。常礼如是事"弥曰:"用礼何为?"师便掌。

(《五灯会元》上册第 189 页)

师在盐官会里,大中帝为沙弥。师于佛殿上礼佛,沙弥云:"不著佛求,不著法求,不著众求。长老礼拜,当何所求?"师云:"不著佛求,不著法求,不著众求,常礼如是事。"沙弥云:"用礼何为?"师便掌。沙弥云:"太粗生!"师云:"者里是什么所在? 说粗说细!"随后又掌。沙弥便走。

(《古尊宿语录》上册卷三第 45 页)

"不著(不着)"作"应该、必须、得"解,也见于《荔镜记荔枝记四种》。笔者从此书里搜集到的有几十例,现举几例:

(1)明代嘉靖刊本《荔镜记》:

294 下[贴]都牢,阮送三钱银乞你买酒食,千万挈阮去见阮官人。(乞=给,阮=我,我们)

[净]只个卜度我买酒食,阮都牢娘讨乜食,不着挈去寄和尚?(只=这,卜=要,度=给,乜=什么,不着=应该)

（2）清代顺治刊本《荔枝记》：

182上［旦］小七跪只此。（只＝这）

［净］那只处徛。（那＝在，徛＝站）

［旦］跪处。

［净］食恁父饭，不着跪你。（恁＝你，不着＝应该）

（3）清代道光本《荔枝记》：

166上［旦］你卜返去，不着禀过亚公亚妈，有命即返去。（不着＝应该）

［生］我是官家子弟，来由我来，去由我去，禀伊做乜？

（4）清代光绪刊本《荔枝记》：

227下［贴］阮姊病（并）死劳。

［净］俭（参）说话。恁姊那卜死，许只姨仔不着来接后劳。（那＝若，假如，不着＝应该，只＝这）

3. 闽南诗山方言里的"不"常仅表语气。

闽南诗山方言里的"不"仅表语气，无实义。"不"有两个读音，文读"but⁴"，白读"m²¹"。"不"（m²¹）仅表语气、无实义这一用法并不局限于"不著"。如：袂"bbue³¹"（不能、不会）、未"bbγ²¹"（没）、无"bbo²⁴"（没）、敖"ŋau²⁴"（能干，善于，很会）、会"e³¹"（白读音）等词前加上"不"，"不"仅表示语气，无实义。如：

（1）A：伊病野重，不袂食那（m²¹bbue²¹zia?²³la，不会吃

吧)?(袂＝不会)

B:无法食,挂盐水。

(2)A:汝不未食来(m²¹bbɣ²¹ziaʔ²³lai,没吃吧)?

B:食来咯。

(3)A:伊跪着求汝,汝不无拍伊(m²¹bbo²¹paʔ⁴i²¹,没打他)?

B:我无拍伊。

(4)A:汝孙野贞(野＝很,贞＝聪明),不敢说话(m²¹ŋɑu²¹sɣʔ⁴ue²¹,很会说话)?

B:汝敖窝脑(o³³lo⁵³,很会夸赞)。

(5)A:恁老爸过身(死),恁阿兄不会越来(m²¹e²¹uɑt⁴lai,会回来吗?)

B:会越来,今暗就到厝(今天夜里就到家)。

闽南方言里的"不著饭食"与《祖堂集》《景德传灯录》里的"不著佛求"的句式一样,"不著"词义为"应该","不"仅表语气,无实义,且都保留了古汉语宾语提前的特点。

参考文献

1. 静,筠禅僧.祖堂集[M].张华,点校.郑州:中州古籍出版社,2006.

2. 普济.五灯会元[M].苏渊雷,点校.北京:中华书局,1984.

3. 周长楫.闽南方言大词典[M].福州:福建人民出版社,2006.

4. 泉州市文化局,泉州地方戏曲研究社.荔镜记荔枝记四种[M].北京:中国戏剧出版社,2010.

5. 赜藏.古尊宿语录[M].萧萐父,吕有祥,蔡兆华,点校.北京:中华书局,1994.

闽南诗山方言与禅宗文献里的
俗语词"与么"

"与么""恁么"在禅宗文献里出现的次数极多,但从已出版的专著里可看到,要准确地解释它在语段中具体的词义,却是一大难题。本文中笔者采用闽南诗山方言的说法做解释,希望能对阅读理解有所帮助。

一、闽南诗山方言里的例句

根据梅祖麟先生的论文[1],闽南方言的"与"可读为"$h\jmath^{21}$"。笔者认为据闽南南安诗山方言,这个"与"是多音多义词。"与"的语音,文读"$h\jmath^{21}$""li^{53}",白读有三音

---

[1] 梅祖麟:《闽语"与""浴"两字阳调 h− 声母的来源——比较方言中所见的 *gl−复辅音》,《方言》2007 年第 4 期。

"hī^{33}""lī^{33}""hi^{31}"。

笔者认为"与"白读有三音是有三点根据的。一是根据梅祖麟先生的论文[1],"异没""与摩""任摩"上字的语源是"尔"字。二是依诗山方音"尔""耳"可互代,可知"耳"文读"lī^{53}",白读"hi^{31}""lī^{33}""hī^{33}"。三是根据我母亲当时的话语。我母亲姓叶,于2005年去世,下面的例句是来源于我母亲在世时她这辈人常说的话语。

因写本字难,本文用同音或音近字代替。

据邵荣芬先生的论文,唐五代西北方音平、上、去可互代,入声也可互代,闽南诗山方音也存在这种情况,所以凡涉及声调问题就不再做解释。

(1)甲问:老婶,去黄埔着(应该)怎行?

叶氏:A.汝安与直透去。

　　　　B.汝与直透去。

(你这样直直往前去。安,词头无实义,仅表语气;与=这样;透=往。)

(2)甲说:若安 与剪,通做两领。(如果这样剪裁,可做两件。安与=这样;安,词头,无实义,仅表语气。)

对应 an33 hī33

---

[1] 梅祖麟:《敦煌变文里的"熠没"和"厾(举)"字》,《中国语文》1983年第1期。

叶氏：若像小王罕[han53] 与[hī21]剪，有通做三领那？（罕，词头无实义；与＝那样）

（3）甲说：伊老翁死了，伊厝不分大囝。（翁＝丈夫；厝＝房子；大囝＝大儿子。）

叶氏：A.伊与[hī] 么[bbī33]做，政府会出面。（与＝那样；么，词尾，无实义。）

B.伊与[hī33]做，政府会出面。（与＝那样。）

（4）甲说：小王昨日结婚，野[lia24]闹[ao21]热[liat23]，规[gui33]乡里请透透（很热闹，全村都请了。）

叶氏：A.小王与[hī] 么[bbī33]大股，小兰与么细汉，惊小王不知，伊丈农请一百万。（与么＝那样；大股＝大块头；细汉＝小个子；惊＝怕；不知＝不要；请＝彩礼。）

B.小王与[hī]大股，小兰与细汉……

（5）甲：伊滥[lam21]杉[sam53]骂我，我不伊食。（他乱骂我，我不给他吃。滥杉＝乱。）

乙：汝不通与[hī33]做。（你不要这样做。与＝这样。）

（6）甲：汝不去读册，规日与[hī33]块来块去。（你不去读书，整天这样跟来跟去。与＝这样。块＝跟。）

乙：幼稚班无通特桃。(幼儿园没可玩的。特桃＝玩。)

(7)甲：汝孙野贞。(你孙子很聪明。)

乙：汝与窝^{hĩ33 o33 lo53}脑伊，是疼伊。(你这样夸赞他，是疼爱他。)

(8)甲：伊起^{ki53 siao53}小(发疯)，一暝(一夜)骂甲^{ga33 gŋ33}光(到天亮)。

乙：汝不通(不要)与^{li33}(这样)说，伊是破病(生病)咯。

(9)汝昨日与^{hĩ33}(那样)说，今日与^{li33}(这样)说，汝末(要)乎^{hɔ21}伊ⁱ³³食^{ziaʔ23}(给他吃)，不乎伊食，合^{gap4}(跟)我无关。

(10)甲：汝规日(整天)无凋厝(住在家里)，今日羁^{gua33}(停留)东，明日羁西，规^{gui33 cu21}厝(整座房子)与^{hĩ33 cao21}臭(那样臭)，统(全)不併除(清扫)，勿晓^{bbue21}(不知道)见笑(羞耻)。

乙：我个^{ge24}(的)大^{dai21 zi21}志(事情)免^{bbian53}(不必)汝管。

(11)甲：汝一顿食若齐(多少)?

乙：我食安^{an33 hĩ33}与(这样)一碗子(一小碗)。

(12)甲：汝绸^{cu53}(住)厝^{tao24}头(娘家)规^{gui33}年^{li24}(整年)不^{m21}倒^{do21}来^{lai21}(不回来)，是末^{bbo33}(要)离婚啦?

乙：汝不 通（不要）安与（这样）广（讲）。

$m^{21}tan^{33}$

"住"，诗山耄耋老人有六种说法，即店、倚、凋、带、绸、现。例如：

（1）汝店（$diam^{21}$，住）都落（$do^{33}luo?^{23}$，哪里）？

（2）汝倚（kia^{21}，住）坛（dua^{24}，哪里）？

（3）伊凋（$diao^{21}$，住）厝头（$cu^{53}tao^{24}$，娘家）不倒来（不回来）。

（4）伊不我绸（diu^{21}，住）。（他不让我住。）

（5）汝带（dua^{53}，住）啥所在（什么地方）？

（6）伊去厝头现（$hian^{53}$，住）几落日（$gui^{24}lo^{21}lit^{23}$，好几天）。

二、禅宗文献里的例句

1.《祖堂集》。

（1）石室便摆手云："勿任么事。"

（《祖堂集》第 197 页）

按：任么＝这，此。

（2）

水月无形，我常只宁。

万法皆尔，本自无生。

（《祖堂集》第 102 页）

罗睺道德,在口宁论。

因师说耳,寻得入门。

高提日月,大照乾坤。

不取不舍,传乎子孙。

(《祖堂集》第46页)

按:"耳""尔"音通可互代,即"此、这,这样"。

"宁"文读"lin²⁴",白读"lĩ²⁴",白读音与"恁"(lĩ²⁴)音通,可互代,"宁"即"恁",这样,如此。"乎"(hɔ³³)与"与"(hɔ²¹)音通可互代,即"给"。

2.《古尊宿语录》。

(1)小参,举古金峰颂云:"学道如钻火,逢烟未可休。直待金星现,归家始到头。"师云:"神鼎即不然。学道如钻火,逢烟即便休。莫待金星现,烧脚又烧头。且道神鼎恁么道,为当违古人,顺古人?别有道理?汝道入么去底人好,入么来底人好?到这里须具衲僧眼始得。莫受人瞒,珍重!"

小参,良久,举镜清上堂良久,有僧问:"祖歌如何唱?"清云:"拖送醉人酒。"曰:"入么则辜负和尚也?"清云:"猛虎不食伏肉。"

(《古尊宿语录》上册卷二四第455页)

按:"入么""恁么",即这样。"么",词尾,仅表语气,无实义。"入"文读"lip²³",白读"lĩ²³"与"恁"(lĩ³³)音近可互代。"底"即"的","底"（di^{21}）与"的"（di^{24}）音近可互代。

（2）……看他作一场佛事，真箇希奇。……遂尔来此，聚集禅徒。

……济云："一与山门作境致，二与後人作标牓。"……

（《古尊宿语录》下册卷二七第 504 页）

按：箇＝的。"箇"（ge^{24}）的白读音与"的"（ge^{24}）的白读音同，可互代。境致，即风景。"与"（ho^{21}），即"给"，介词。

（3）……大众，有恁一件事，何故无人知得？……

（《古尊宿语录》下册卷二八第 520 页）

按：恁＝这样。

（4）举云门大师示众云："世界恁么广阔，为什么钟声披七条？"

（《古尊宿语录》下册卷四七第 945 页）

按：恁么＝这么。么，仅表语气，无实义。

（5）到得恁么田地，方可为人师……

（《古尊宿语录》下册卷三三第 625 页）

按：恁么＝这样。"田地"相当于"地步"。

（6）……指云："这一甕醋得与么①满，那一甕醋得与么②浅？"

僧云："人穷智短，马瘦毛长。"师大笑而出。

（《古尊宿语录》上册卷一八第 337 页）

按："与么①"应释为"这样"，"与么②"应释为"那样"。

（7）师云："恁么不会，不恁么不会？"僧无语……

师云："我即不与么。"

（《古尊宿语录》上册卷一八第 336 页）

按：同一页同一人前用"恁么"，后用"与么"，可见"恁么"与"与么"音同，可互代，意为"这样"。"么"为词尾，无实义。

3.《五灯会元》。

（1）上堂："夜静月明，水清鱼现。金钩一掷，何处寻踪？"提起拄杖曰："历细历细。"

（《五灯会元》下册卷一九第 1238 页）

按：历细＝这样小。这样小，指金钩很细小，扔出去就找不到它的踪影。历＝恁＝这样，"历"（li³³）与"恁"（li³³）音通，可互代。"细"，方言音"sue²¹"，如：细团＝小儿子，伊野细＝他很小。

（2）师曰："祇恁便得么？"曰："头上安头。"

（《五灯会元》上册卷五第 269 页）

按：祇＝只；恁＝这样。

（3）龙以手指曰："这柱得与么①圆？那枋得与么②匾？"

（《五灯会元》下册卷一七第 1123 页）

按:与么①＝这样;与么②＝那样。么,词尾,无实义。

4.《景德传灯录》[1]。

(1)师一日廊下逢见一僧,乃问时中事作么生? 僧良久。师曰:"只恁便得么?"僧曰:"头上更安头。"师便打之。

(《景德传灯录》卷十四第80页)

按:作么生＝怎么样,怎样;只恁＝只这样。

(2)翠微指竹曰:"这竿得恁么①长,那竿得恁么②短?"

(《景德传灯录》卷十五第94页)

按:恁么①＝这样;恁么②＝那样。

(3)师云:"老僧不教他。"陆大夫与师见人双陆,拈起骰子云:"恁么①不恁么②,只恁么③,信彩去时如何?"

(《景德传灯录》卷八第134—135页)

按:恁么①、恁么③＝这样;恁么②＝那样;如何＝怎样。

(4)居士回顾两边云:"谁恁道,谁恁道?"师乃咄之。

(《景德传灯录》卷八第139页)

按:恁＝这样。

(5)一日随沩山开田,师问曰:"者头得恁么①低,那头得恁么②高?"祐曰:"水能平物,但以水平。"

---

[1] 释道原:《景德传灯录》,普慧大藏经刊行会敬刊,佛陀教育基金会印赠,1944年。

（《景德传灯录》卷十一第 3 页）

按：恁么①＝这么；恁么②＝那么；者＝这。

（6）有俗官问："和尚恁后生，为什么却为尊宿？"师云："千岁只言朱顶鹤，朝生便是凤凰儿。"

（《景德传灯录》卷二十一第 18 页）

按：恁＝这么；后生＝年轻。后生（hɑo²¹sī³³）方言意指年轻，如：后生家、后生农，指年轻人。伊野后生，即他很年轻。

5.《神会和尚禅话录》。

（1）远法师言："虚空作勿得无见？"

和上言："虚空无般若故，致使不言见。"

远法师言："异没时，禅师有见无？"

和上言："上至诸佛，下及含识，皆同有见。"

（《神会和尚禅话录》第 26 页）

按："作勿"，即"怎么，怎么样"。异没＝与么＝这。

"没"（bbī³³）与"么"（bbī³³）方音通，可互代。根据梅祖麟先生的论文，"异没""与摩"在禅宗文献里可以假借，意指音可通。

（2）问："唤作是没物（原作'勿'）？"

答："不唤作物。"

问："异没时作物生？"

答:"亦不作一物。是以无念不可说。……"

（《神会和尚禅话录》第69页）

按:是没＝什么;异没＝这;作物生＝怎么样。

（3）人问:"'无念法'有无否?"

师曰:"不言有无。"

曰:"恁么时作么生?"

师曰:"亦无恁么时。犹如明镜,若不对像,终不见像。若见无物,乃是真见。"

（《神会和尚禅话录》第124页）

按:恁么＝这;作么生＝怎么样。

参考文献

1. 赜藏.古尊宿语录[M].萧萐父,吕有祥,蔡兆华,点校.北京:中华书局,1994.

2. 静,筠禅僧.祖堂集[M].张华,点校.郑州:中州古籍出版社,2006.

3. 普济.五灯会元[M].苏渊雷,点校.北京:中华书局,1984.

4. 神会和尚.神会和尚禅话录[M].杨曾文,编校.北京:中华书局,1996.

闽南诗山方言与禅宗文献里的"不无"句

　　禅宗文献(《景德传灯录》《五灯会元》《古尊宿语录》等)里有些"不无"句,其"不无"的用法与今天闽南诗山方言里的"不无"有共同之处,即"不"无实义,仅表语气。然而笔者见已出版的专著里一般都采用现代汉语的双重否定来解释,若按此解释,这些语段前后文理较难通。这种古老的"不无"句是我们阅读理解禅宗文献的拦路虎。笔者采用诗山方言"不无"句的用法试做解释,以期更好地理解这些语段的文意。闽南方言里的"无"为多义动词,可释为"没,没有,错、不行、不到、不对、不必要"等,例略。

一、禅宗文献里的"不无"句

　　1. 行即不无:行＝行走;即＝就,就是;不无＝无。

　　僧来，举问茱萸："如何是沙门行？"茱萸曰："行即不无，人觉即乖。"师令彼僧去进语曰："未审是什么行？"茱萸曰："佛行，佛行。"僧回举似师，师曰："幽州犹似可，最苦是新罗。"东禅齐拈云："此语还有疑讹也无？若有，且道什么处不得？若无，他又道最苦是新罗？还检点得出么？他道'行即不无，人觉即乖'，师令再问'是什么行'，又道'佛行'，那僧是会了问，不会而问？请断看。"僧却问师："如何是沙门行？"师曰："头长三尺，颈长二寸。"

（《景德传灯录》卷一五第104页）

　　本段的难点是"行即不无，人觉即乖"。不无＝无，"不"，无实义，仅表语气。"行即不无"句指行走实际上是看不见的，有人觉察到就怪了。段中的"行"应指"行走"，从"幽州犹似可，最苦是新罗"，可见这"行"应是指行走的距离、长短。从僧问"如何是沙门行"，师答"头长三尺，颈长二寸"，说明这是个巨人，他的行走很奇妙，一般人是觉察不到的，如孙悟空翻个筋斗就是十万八千里。

　　2. 即不无＝即无＝就是没有。

　　（1）"唤作竹篦则触，不唤作竹篦则背。陛下如何会？"寿皇云："放下着。"师云："放下即不无，着在什么处？"寿皇云："二边不立。"师云："如何行履？"寿皇云："中道不安。"师云："正坐在百尺竿头，陛下如何进步？"

（《古尊宿语录》下册卷四八第983页）

（2）师云："……梵志闻已，复作思惟：'我去见佛，将何供养？'乃运神力，手执合欢梧桐华两株，飞空向世尊前供养。世尊召五通梵志，志应诺。世尊云：'放下着。'梵志弃左手华于世尊前。世尊又云：'放下着。'梵志又弃右手华于世尊。又云：'放下着。'梵志云：'世尊，我祇擎两株华一时放下了，我今空身无可放舍。'世尊云：'五通梵志，吾非教汝放舍其华。汝当放舍内六根、外六尘、中六识、一时舍却到无可舍处，是汝免生死处。'梵志乃于言下悟无生法忍。"

（《古尊宿语录》下册卷四八第974页）

例（1）、（2）的"放下着"的"着"为词尾。即不无＝即无，"不"仅表语气，无实义。"放下即不无"，放下就没有。"着在什么处"，放在什么地方。

3. 即不无＝就是没有。

（1）师令僧去问仰山曰："今时还假悟也无？"仰曰："悟即不无，争奈落在第二头？"师深肯之。

（《五灯会元》中册卷九第541页）

（2）上堂："说佛说祖，正如好肉剜疮。举古举今，犹如残羹馊饭。一闻便悟，已落第二头。……"

（《五灯会元》下册卷二〇第1359页）

（3）米和尚令僧问仰山："今时人还假悟也无？"山云：

"悟即不无,争奈落在第二头?"米闻,深肯之。

(《古尊宿语录》下册卷三四第632页)

(4)师令僧去问仰山云:"今时还假悟也无?"仰山云:"悟即不无,争奈落在第二头?"师深肯之。

(《景德传灯录》卷一一第11页)

例中"也无"的用法与诗山方言同,如:汝食饭也无?＝你吃饭了还是没吃饭?"也无"相当于一种选择疑问句。"今时"句应释为:"现在是借助悟性还是没借助悟性?"即不无＝即无,就是没有。"悟即不无"应释为"借助悟性就是没有"。"争奈"即"怎会",在敦煌文献、禅宗文献里"争"即"怎"。依诗山方音,"争"白读"zī^{33}"与"怎"白读"zī^{53}"音通,可互代。"争奈"句即"怎会落在第二头?"从例句(2)也可证"悟即不无"应释为"借助悟性就是没有"。

4. 修证即不无＝修证就是没有。

(1)乃直诣曹溪参六祖。祖问:"什么处来?"曰:"嵩山来。"祖曰:"什么物恁么来?"曰:"说似一物即不中。"祖曰:"还可修证否?"曰:"修证即不无,污染即不得。"祖曰:"只此不污染,诸佛之所护念。汝既如是,吾亦如是……"

(《景德传灯录》卷五第92页)

(2)……师乃往曹溪,而依六祖。六祖问:"子近离何方?"对曰:"离嵩山,特来礼拜和尚。"祖曰:"什么物与么来?"对曰:"说似一物即不中。"在于左右一十二载。

至景云二年,礼辞祖师。祖师曰:"说似一物即不中,还假修证不?"对曰:"修证即不无,不敢污染。"祖曰:"即这个不污染底,是诸佛之所护念。汝亦如是,吾亦如是……"

(《祖堂集·怀让和尚》第 134 页)

(3)师曰:"甚处来?"曰:"嵩山。"师曰:"什么物? 恁么来?"曰:"说似一物即不中。"师曰:"还可修证否?"曰:"修证即不无,污染即不得。"师曰:"只此不污染,诸佛之所护念,汝即如是,吾亦如是……"

(《坛经·金刚经·机缘品第七》[1]第 96 页)

(4)六祖问:"什么处来?"师云:"嵩山安和尚处来。"祖云:"什么物与么来?"师无语。遂经八载,忽然有省。乃白祖云:"某甲有个会处。"祖云:"作么生?"师云:"说似一物即不中。"祖云:"还假修证也无?"师云:"修证即不无,污染即不得。"祖云:"祇此不污染是诸佛之护念,汝既如是,吾亦如是。……"

(《古尊宿语录》上册卷一第 1 页)

例(1)至例(4),恁么=与么=这样。例(2)"底"即"的"。例(4)祇=只;作么生=怎样,怎么样;某甲=我。

例(1)至例(4),修证即不无=修证即无。例(4)"还

---

[1]《坛经·金刚经》,黄山书社 2002 年版。

假修证也无"是个选择疑问句,应释为"是借助修证,还是没借助修证"。禅宗文献里像这种选择疑问句一般都要做出明确回答,如:

> 曰:"还有知音也无?"泉云:"有。"……曰:"还有知音也无?"师云:"有。"

(《古尊宿语录》上册第455页)

诗山方言的用法也相同,如,问:"汝有食也无?"答:"有食了。"方言里的"有"相当于词头,无实义,仅表语气。

例(1)至例(4)六祖的回答是:例(2)指出,即这个不污染,仅仅指这个不污染;例(1)、(3)、(4)指出"只此不污染",也是仅仅指这个不污染。综上,反过来印证"修证即无",即"修证就是没有"。

5. 道即不无=道即无=道路上无人。

> 问:"如何是西来意?"师曰:"古路不逢人。"可观上座问:"的罢标指,请师速接。"师曰:"即今作么生?"观曰:"道即不无,莫领话好。"师曰:"何必阇黎。"

(《景德传灯录》卷一七第133—134页)

"罢",即"摆",音近可互代。道即不无=道即无=道路上无人,与"古路不逢人"前后文意一致。"道即不无"假如解释为"道路上不是没有人",整段话文意难通。"即今作么生",即"现在怎么办"。

6. 功即不无＝功劳就是没有。

僧问："家贫遭劫时如何？"师曰："不能尽底去。"曰："为什么不尽底去？"师曰："贼是家亲。"曰："既是家亲，为什么翻成家贼？"师曰："内既无应，外不能为。"曰："忽然捉败，功归何所？"师曰："赏亦未曾闻。"曰："恁么即劳而无功。"师曰："功即不无，成而不处。"曰："既是成功，为什么不处？"师曰："不见道太平本是将军致，不使将军见太平。"

（《景德传灯录》卷二二第35页）

"底"，方音白读"due⁵³"，意指拿，如：伊底去了（他拿去了）、伊底乎人（他拿给人）、伊底十斤（他拿十斤）。恁么＝这样；尽底去＝全部拿去。功即不无＝功即无，"不"仅表语气，无实义，意指功劳是没有的。成而不处，指虽然成功了，但一家人吵吵闹闹，无法相处。若"功即不无"用双重否定解释，即"功劳是有的"这样的解释，则整段话的文意难理顺。"功即不无，成而不处"是对上句"恁么即劳而无功"的具体解释。

7. 喝即不无＝喝即无＝喝就不必要。

师见僧来，竖起拂子，其僧便喝。师曰："喝即不无，且道老僧过在什么处？"僧曰："和尚不合将境示人。"师乃打之。

（《景德传灯录》卷十一第5页）

喝即不无＝喝即无，指"喝就不必要"，"不"，无实义,仅表语气。

8. 荡尽即不无＝荡尽即无＝荡尽就没有了。

问:"有一人荡尽来时,师还接否?"师曰:"荡尽即不无,那个是谁?"

(《景德传灯录》卷一三第 58 页)

荡尽即不无＝荡尽即无;不,无实义,仅表语气。

9. 舌头即不无＝舌头即无＝舌头就没了。

山曰:"住!住!且莫草草忽忽。云月是同,溪山各异。截断天下人舌头即不无,阇黎,争教无舌人解语?"

(《五灯会元》中册卷六第 317 页)

舌头即不无＝舌头即无＝舌头就没有;不,无实义,仅表语气。"争",即"怎"。"截断"句语意较顺的话,应是"截断天下人舌头,舌头即不无"。

10. 坐脱立亡即不无＝坐脱立亡即无＝坐脱立亡就不行。

师曰:"元来未会先师意在。"座曰:"你不肯我那?但装香来,香烟断处,若去不得,即不会先师意。"遂焚香,香烟未断,座已脱去。师拊座背曰:"坐脱立亡即不无,先师意未梦见在。"

(《五灯会元》中册卷六第 304 页)

依文意,这段话有个逻辑顺序:香烟断处,若去不得,即不会先师意。照此,香烟断,座应已脱去,才会梦见先师意;香烟未断,座未脱去,才可梦见先师意。现在是香烟未断,座已脱去,所以说:坐脱立亡即不无,先师意未梦见在。

坐脱立亡即不无 = 坐脱立亡即无 = 坐脱立亡就不行,就不对。这是因为无法梦见先师意。

脱,意指昏迷,昏昏沉沉,人在此情况下最易做梦。方言常说:敢末脱(tuat⁴)去咯、摸无脉(恐怕要去了,摸不到脉搏)。这个"脱"是指昏迷,陷入死的边缘。

"在、那"为句末语气词,"元"即"原"。

二、闽南诗山方言里的"不无"句

闽南南安诗山方言的"不""无"均可作否定副词,如:不去、无看见(没看见)。本文仅谈"不"与"无"组成的"不无"句的特殊用法,即不无 = 无,没。"不"仅表语气,没实义。如:

(1)A:伊跪着求汝,汝不无(m去声 21bbo去声 21)拍伊?(他跪着求你,你没打他?)

B:我无拍伊。(我没打他。)

(2)A:汝上课不无(m去声 21bbo去声 21)走去拍游戏?(你上课没跑去打游戏?)

B:我无出去。(我没出去。)

这种"不无"句一般含有揣测、疑问的语气。其中的"不"仅表示语气,无实义。如今会使用这种"不无"句的人已很少,一般局限于七十岁以上的老年妇女。这极少数的老年妇女口语里还会用到,而四十岁以下的年轻人一般不知道,也不会用。这种"不无"句或许是老年妇女的一种沿袭乡土习惯的口语表达。

笔者担心这极少数能说"不无"句的老年人一旦离世了,这种"不无"句恐怕就没人知晓了,所以就尽量把能从不同侧面反映方言口语实际的"不无"句记录下来。例如:

(1)A:汝(你)羁(逗留,停留)东羁西,不无(无,没有)食日昼(中饭,午饭)?

B:我食来咯。

(2)A:伊(他)跪着求汝,不无拍伊?

B:我无拍伊。

(3)A:伊起(发)小(疯),不无路路(到处)走(跑)?

B:伊路路走,小甲(得)脱衫(衣服)脱裤。

(4)A:汝上课不无走去拍游戏?

B:我无出去。

(5)A:伊强奸妇女,不无掠(抓)去?

B:伊有掠去。

(6)A:汝<u>不无</u>分着(到)厝(房间)?

B:分着咯。

(7)A:阿兄,汝那(假如)不<u>积</u>(一)间荷(给)我,我<u>不无</u>

厝<u>倚</u>(住)?

B:妹,阿兄<u>未</u>(要)积间荷汝。

(8)A:汝<u>合</u>(和)伊离婚咯,伊<u>不无</u>越(回)来看囝

(孩子)?

B:伊积个月来积<u>摆</u>(回)。

(9)A:恁阿兄新<u>空空</u>(崭新)个(的)大厝<u>起</u>(造)好咯,

有说末积间荷汝<u>绸</u>(住)哪?

B:阮(我)兄无说,阮老母不敢开<u>碎</u>(嘴,口),敢(恐

怕)<u>不无</u>啊!

(10)A:恁兄嫂小甲不能掩护,脱衫脱裤,有医好哪?

B:敢(恐怕)<u>不无</u>啊!

(11)A:恁兄嫂生<u>胎膏</u>(麻风病),积身臭么么。恁阿兄

有合伊囝(睡)哪?

B:相<u>偎</u>(一起,一道)敢(恐怕)<u>不无</u>。

(12)A:昨<u>暗</u>(昨夜)恁阿兄合恁阿嫂相拍哪?

B:相骂是有,相拍是<u>不无</u>。

(13)A:伊穷甲<u>不无</u>积碗饭<u>通</u>(可)荷人食,<u>城</u>(哪)个<u>查</u>

<u>某</u>(女子)敢<u>乞</u>(嫁)伊?

B:伊生了大汉(大个子),水(漂亮),敖(会,善于)

设人(骗人),听说有查某合伊做阵(一道生活)。

(14)A:听说小王个(的)某(妻子)去法院要求离婚,不

栽(知)为城(什么)大(事),汝栽影(知道)哪?

B:小王惊(怕)见笑,亢甲(藏得)密密密(密不

透风)。

C:那(若,假如)是安耳(这样),不无通(可能)荷

(让)人栽影。

(15)A:伊土横土恶(蛮横不讲理),动不动就末拍人,

阿不无查某(女人)敢合(跟)伊罩(一道生活)?

B:离婚两摆(回)咯。

(16)A:恁老爸落(下)去大医院,有救哪?

B:已是晚期,了钱(花钱)是过心(安慰自己)大

(事情)。

A:那是安耳(若是这样);了钱不无彩工(用)。

(17)A:恁丈人不无带(住)汝厝?

B:上日(前天)越倒(回)去咯。

按:"绸""倚""带",为"住"的同义词。

(18)A:恁老母下龟(哮喘),下半暝(下半夜)不无困?

B:伊规暗(整夜)喘,通(都)无困。

(19)A:汝起厝不无请(雇)伊?

B:伊教(会)偷拿<u>物件</u>(东西),不敢请(雇)伊?

(20)A:伊笨遂(瘫痪)调床(躺在床上),规日(整天)<u>不无</u>出去见日头(太阳)?

B:无法出去咯。

(21)A:伊规日调治(逗留,在)<u>缴间</u>(赌博房),<u>不无</u>去做工?

B:几落个月(好几个月)无去做工。

(22)A:因(他)<u>翁某</u>(夫妻)<u>店</u>(在)厝内相骂相拍,众人店厝外,无法入去。门关调调(很牢),<u>不无</u>人通(可)<u>相牵</u>(相劝,相拉)?

B:门关调调,无法相牵。

(23)A:汝合恁大心妇(媳妇)相骂,<u>不无饭</u>(靠,依靠)恁大团(儿子)食?

B:无咯,无法<u>罩</u>(相处,一道生活)。

(24)A:汝去都<u>落</u>(哪里)做工,汝老母规年(整年)<u>不无</u>看着(到)汝?

B:一年外(一年多)无<u>倒</u>来(回来)。

(25)A:恁心妇(媳妇)块(跟)人走(跑),<u>不无</u>荷(让)恁团<u>栽影</u>(知道)?

B:阮团不栽影,那(假如)栽影,会拍死伊。

(26)A:伊<u>不无</u>来汝厝内<u>超</u>(找,寻找)哪?

B：伊那（若）敢来超，我就拍甲伊笨遂（瘫痪）。

(27) A：汝身上不无唧噌（一个铜板），敢路路（到处）设人（骗人）？

B：我有趁积空（赚一大笔钱），汝不免（不必）看我衰小（很糟糕，倒霉）。

(28) A：汝不无担粗（挑粪水）去沃（浇）稻？

B：担去沃咯。

(29) A：伊规日块（在）圈（玩），初中不无毕业？

B：无毕业。

附录

文内出现的方言词方音按例句顺序排列如下：

- 汝 lw^{53}
- 羁 gua^{33}
- 东 dan^{33}
- 西 sai^{33}
- 食 zia?^{23}
- 日昼 lit^{23}dau^{21}
- 我 ŋua^{53}
- 来 lai^{21}
- 咯 lɔ

- 伊 yi³³
- 跪 gui³¹
- 着 də³¹
- 求 giu²¹
- 拍 paʔ⁴
- 起 ki²⁴
- 小 siɑu⁵³
- 偬 wɑ⁵³
- 路路 lɔ²⁴lɔ²¹
- 走 zɑu⁵³
- 甲 gɑ³³
- 脱 tŋ⁵³
- 衫 sɑ̄³³
- 裤 kɔ²¹
- 上 siɔŋ²¹
- 课 kɔ²¹
- 去 kw³³
- 游戏 iu²¹hi²¹
- 出 cɔk⁴
- 强奸 giɔŋ²¹gan³³
- 掠 liaʔ²³

- 分 bun³³
- 着 dio²¹
- 厝 cu²¹
- 阿兄 a²⁴hiɑ̄³³
- 那 lɑ̄²¹
- 不 m²¹
- 积 zit²¹
- 间 guī³³
- 荷 hɔ²¹
- 倚 kiɑ³¹
- 妹 bbə²¹
- 末 bbo²⁴
- 合 gɑp⁴
- 离婚 li²¹hun³³
- 越 uɑt⁴
- 看 kuɑ̄⁵³
- 囝 gɑ̄⁵³
- 个 go⁵³
- 月 ŋəʔ²³
- 摆 bɑi⁵³
- 恁 lin⁵³

- 新空空 sin³³kɔŋ³³kɔŋ³³

- 个 gə²¹

- 起 ki⁵³

- 好 ho⁵³

- 说 səʔ⁴

- 绸 diu²¹

- 哪 lā²¹

- 阮 ŋun²⁴

- 敢 gā²⁴

- 开碎 kui³³cui²¹

- 啊 a

- 兄嫂 hiā³³so⁵³

- 不能 but⁴¹liŋ²¹

- 掩护 iɑm²⁴hɔ³¹

- 医 i³³

- 生 sī³³

- 胎膏 tɑi²⁴go³³

- 身 sin³³

- 臭么么 cɑu⁵³bbɔ³³bbɔ³³

- 困 kun²¹

- 相偎 sā³³uɑ⁵³

- 昨暗 $zɔ^{21}am^{21}$

- 骂 $bbā^{21}$

- 是 si^{21}

- 穷 $giŋ^{24}$

- 碗 $uā^{24}$

- 饭 $bŋ^{21}$

- 通 $taŋ^{33}$

- 查某 $za^{33}bbɔ^{53}$

- 乞 kit^{4}

- 了 $liau^{53}$

- 大汉 $dua^{21}han^{21}$

- 水 sui^{53}

- 敖 $ŋau^{21}$

- 设人 $siat^{4}laŋ^{21}$

- 听 $tiā^{33}$

- 做阵 $zue^{53}din^{21}$

- 小王 $sio^{24}ɔŋ^{24}$

- 某 $bbɔ^{53}$

- 法院 $huat^{4}ĩ^{21}$

- 要求 $iau^{33}giu^{21}$

- 栽 zai^{33}

- 为 ui²¹

- 城 siā²⁴

- 大 dai²¹

- 栽影 zai³³iā⁵³

- 惊 giā³³

- 见笑 gian⁵³siau²¹

- 亢甲 kŋ⁵³ga³³

- 密密密 bbat²³bbat²³bbat²³

- 安耳 an³³hī³³

- 土横土恶 tɔ²⁴huī²¹tɔ²⁴ɔk⁴

- 动不动 dɔŋ²¹but⁴dɔŋ²¹

- 罩 dao²¹

- 老爸 lau²¹be³¹

- 落 lɔk²³

- 救 giu²¹

- 晚期 uan²⁴gi²⁴

- 了钱 liao²⁴zī²⁴

- 过心 gə⁵³sim³³

- 彩工 cai²⁴gaŋ³³

- 丈人 diū²¹laŋ²⁴

- 带 dua⁵³

- 上日 $diŋ^{24}lit^{23}$

- 倒 do^{21}

- 下龟 $he^{33}gu^{33}$

- 下半暝 $e^{21}buā^{53}bbī^{24}$

- 规暗 $gui^{33}am^{21}$

- 喘 $cuān^{53}$

- 通 $toŋ^{33}$

- 请 $ciā^{21}$

- 偷拿 $tɑu^{33}tue^{23}$

- 物件 $bŋ^{21}giā^{31}$

- 笨遂 $bun^{53}sui^{21}$

- 调床 $diɑo^{21}cŋ^{24}$

- 规日 $gui^{33}lit^{23}$

- 日头 $lit^{21}tɑu^{24}$

- 调治 $diɑo^{21}dw^{21}$

- 缴间 $giɑu^{24}guī^{33}$

- 做工 $zue^{53}gɑŋ^{33}$

- 几落个月 $gui^{24}loʔ^{24}go^{53}ŋəʔ^{23}$

- 因 in^{33}

- 翁某 $ɑŋ^{33}bbɔ^{53}$

- 店 $diam^{53}$

- 厝内 cu⁵³lai³¹
- 众 ziŋ⁵³
- 外 ŋua²¹
- 入 lip²³
- 门关 bbŋ²⁴gui³³
- 调调 diau²¹diau²⁴
- 相牵 sā³³kan³³
- 心妇 sim³³bu³¹
- 都落 do³³loʔ²³
- 规年 guī³³lī²⁴
- 着 dio²¹
- 倒来 do²¹lai²¹
- 块 də⁵³
- 超 ciao³³
- 唧嚕 zit²¹lui³³
- 趁积空 tan⁵³zit²¹kaŋ³³
- 不免 m²¹bbian²⁴
- 衰小 sue²³siao²⁴
- 担粗 dā³³cɔ³³
- 沃 ak⁴
- 稻 diu³¹
- 圈 kuan³¹

闽南方言"录"字小议

闽南方言口语里,有一个常用的单音动词"lia?"(以厦门音为准,下同),词义上和普通话的"抓"字相当,如:～农抓人、～鸡、～鸭、～猪、～牛、～头、～尾、～骹抓脚、～手、～直拉直、～边、～角等等。在句子里还可以说"简单～几条""你着要注意,伊正～搜集你兮材料"。考之古籍,这个词可能就是"录"字,常见于稗史笔记小说。《太平广记》400卷中,当"抓"义解释的"录"字就有48处。例如:

骏录之,不放去,登乃卒死。(《太平广记》卷九第 63 页)

有马步判官何某,年逾八十,忽暴卒,云有使者拘录。引出,冥间见阴君,曰:汝无他过,今放汝还。(《太平广记》卷一三六第 979 页)

　　唐贞观中,侯君集与庶人承乾通谋,意不自安。忽梦二甲士录至一处,见一人高冠奋髯,叱左右:"取君集威骨来?"(《太平广记》卷二七九第2217页)

　　卿何以短寿?答曰:是天命耳。然有一罪,为女时曾宰一鸡,被录到地狱三日。(《太平广记》卷二二五第2577页)

　　二妇素无嫌怨,遂为吏所录。(《太平广记》卷三三四第2724页)

　　又曰:"我非人,冥司俾予录五百人。"(《太平广记》卷三四六第2737页)

　　阳朔人苏太玄,农夫也。其妻徐氏,生三子而卒。既葬,忽一日还家,但闻语而不见形。云:命未合终,冥司未录。(《太平广记》卷三五一第2779页)

　　临海乐安章汛年二十余,死经日,未殡而苏。云:被录天曹。天曹主者是其外兄,料理得免。(《太平广记》卷三八六第3077页)

　　丁亥岁,浙西有典客吏赵某妻死,未及大殓,忽大叫而活,云为吏所录,至鹤林门内,有府署,侍卫严整……(《太平广记》卷三八六第3084页)

　　《太平广记》为宋代李昉等人所编辑,它广泛搜录了远自汉魏以来的稗史笔记小说。从地域上说,它包括了黄河流域、长江流域的广大地区。此外,晋代干宝的《搜神记》、南北朝刘义庆的《世说新语》、唐代释道世的《法苑珠林》等许多古籍,都有不少类似的用例。可见"录"有"抓"的意义不是限于一时一地的语言现象,它所经历的时间很长,所涉及的范围很广。把"录"字看作闽南方言单音动词"liaʔ"的本字,在词义上是有根据的。

再来看读音的情况。在《切韵》系统中,"录"属于合口三等烛韵字。烛韵字闽南方言文读是"-iɔk",如:绿(liɔk),绿林;俗(siɔk),风俗;曲(kiɔk),曲直。其白读通常是"-ik"和"-ioʔ",如:绿(lik),绿色;曲(kik,),唱曲;俗(sioʔ),俗气。"录"字文读也是"liɔk",如:记录、录音。白读有一读也是"lik",如:抄录。当动词"抓"解释的"liaʔ"当是另一白读。一字三音在闽南方言里并不是个别现象。但是烛韵字白读"-iaʔ",除了"录"字之外,目前还没有发现别的例子。问题在于,闽南方言是一种很复杂的方言,现在的研究还不够深入,读音上可能出现一些表面上看是孤证的现象,如:潘,读"pun",指泔水、淅米水;字,读"li";相,读"sio";熊,读"him"。这些在有关的音韵地位里都是孤证,但是人们并没有因此而对它们的来源提出过疑问。所以把"录"字看作"liaʔ"的本字,在读音上似乎也是合理的。

　　民间间或有人写作"扐"字。《集韵》职韵:"扐,缚也,六直切。"可见这是一个引申用法的借用字,和"liaʔ"是没有关系的。更多的人写作"掠"字。这是很容易被人接受的,因为词义上它有"掠夺"的意思,当然和"抓"义比较相近;读音上《宋本广韵》又有药韵"离灼切"一读,相同地位的"雀削酌"在闽南方言里都可以读"-iaʔ"韵。但是,如果用"掠"取代"录"作为"liaʔ"的本字,是有问题的。

　　"liaʔ"是口语里使用频率很高的单音词。考察闽南方言的词汇系统,就不难推测它的来源较早,《太平广记》里的用例也证明了这一点。"录"是入声字,这是确定无疑的,而"掠"字本来并不是入声字。可以拿谐声为证,"京惊谅椋倞弶景凉黥勍醸辌"等字都从"京"得声,都是阳声韵,"掠"也应该是阳声韵。所以宋徐铉校定的《说文解字》第258页把"掠"收在手部下:"掠,夺取也,从手京声。《唐韵》或作摡,离灼切。"朱骏声的《说文通训定声》则更明确地把它列在壮部第十八内。切韵系统的韵书如《宋本广韵》《集韵》虽然把"掠"收入药韵,分别作"离灼切"和"力灼切",但在阳声的漾韵里仍然保留了主要的位置,都是"力让切"。顾炎武对这一点很肯定,他在《音学五书·唐韵正卷十八》中写道:"掠,离灼切,古音力漾反……今此字两收于四十一漾十八药部中,当并入漾韵。"《宋本广韵》《集韵》把"掠"同时收入药韵,很可能是借用的结果,如上文所引《唐韵》借为"擽",也借为"略","擽略"是药韵字,所以"掠"也在药韵。何况"擽略"也没有"抓"的意思,《宋本广韵》药韵离灼切:"略,简略谋略","擽,《字统》:击也"。可见"掠"是因为意义相近而被借用的,其实音韵地位上并不相干。

"掠"的原义是"拷打、抢劫"的意思,不宜当"抓"义解释。汉代刘熙《释名·释丧制》:"槌而死者日掠。掠,狼也。用威大暴如豺狼也。"唐释道世《法苑珠林》第 78 卷音释"拷掠":"拷,苦老切;掠,力仗切。拷掠,捶治人也。"又如稗史笔记小说里的例子:

考掠初无一言,临刑东市,颜色不异。(《世说新语·方正》上册第 97 页)

戴渊少时游侠,不治行检,尝在江淮间攻掠商旅。陆机赴假还洛,辎重甚盛,渊使少年掠劫。(《世说新语·自新》下册第 221 页)

不堪拷掠,自诬服之。(《搜神记》卷二十第 240 页)

昭宗为梁主劫迁之后,岐凤诸州,各蓄甲兵甚众,恣其劫掠以自给。(《太平广记》卷一九〇第 1426 页)

恰好在今天的闽南方言里,仍然保留着"掠"字的这

种用法,读音"lɔŋ",和《宋本广韵》的"力让切"相合,与"壮""创"的白读同韵。例如:

你掠啥农你打什么人?(li⁵³ lɔŋ⁵³ siã²⁴ laŋ²⁴)

伓通掠来掠去不要打来打去!(m²¹ taŋ³³ lɔŋ⁵³ lai²¹ lɔŋ⁵³ ki²¹)

伊与车掠死他被车撞死。(i³³ hɔ²¹ cia³³ lɔŋ²¹ si²¹)

用石头掠死用石头打死。(iɔŋ²¹ zioʔ²³ tau²⁴ lɔŋ²¹ si²¹)

個厝与贼掠去他们家被贼抢劫了。(in³³ cu²¹ hɔ²¹ cat²³ lɔŋ²¹ ki²¹)

因此,可以认为"掠"是"lɔŋ"的本字,不是"liaʔ"的本字。当"抓"讲的"liaʔ"的本字是"录"字。

参考文献

1. 李昉,等.太平广记[M].北京:中华书局,1961.

2. 许慎.说文解字[M].徐铉,校.北京:中华书局,1978.

3. 刘义庆.世说新语[M].上海:上海启智书局,1924.

4. 干宝.搜神记[M].北京:中华书局,1979.

（本文刊载于《中国语文》1981年第5期）

《夷坚志》俗语词选释

宋代洪迈撰的《夷坚志》是宋人志怪小说中篇幅最大的一部。这部书语言上最大的特点是出现了大量的俗语词。如：闽南话里作"抓、逮捕"解的常用词"录"字，书里共出现26次（见拙作《闽南方言"录"字小议》），正昼（即正午）17次，生理（即生意）11次。且这些俗语词，通常采用俗别字和音近替代字，是研究汉语词汇史的极宝贵的材料。本文选释今天闽南话里所见的《夷坚志》里的俗语词若干例，以供读者参考。文中注的音，系笔者家乡诗山方音。若写不出本字，则用同音字代替。

1. 隔世、隔生、隔事：死。

因被疾，夜梦神人告云："汝生前作官，误断公事，陷一平人于死。今虽隔世，犹日日伺隙欲偿冤对……若能急纳禄,不独可以延年,兼此鬼亦不复为祟矣。"

(《夷坚志》册二第 918 页 8 行)

安氏曰:"勿治我,我所诉者,隔世冤也。我本蜀人,以商贾为业。安氏,吾妻也。乘吾之出,与外人宣淫,伺吾归,阴以计见杀。"

(《夷坚志》册二第 420 页 10 行)

妪曰:"汝已隔世,而了了若此,能复回我家乎?"

(《夷坚志》册四第 1648 页 8 行)

宣和三年,适邵武泰宁,谓县人黄温甫曰:"吾与若隔生同为五台僧,若尝病,费吾药饵,今当馆我以偿。"

(《夷坚志》册一第 78 页 12 行)

例句中的"隔世""隔生"指"死",毫无疑问。

《敦煌变文集》中也有"隔生",如:

其母闻儿此语,唤言秋胡:"我念子不以为言。言作隔生,何其面叙……"

(《敦煌变文集》上册第 158 页 5 行)

远公曰:"……吾今与汝隔生永别。"

(《敦煌变文集》上册第 173 页 3 行)

有一类门徒弟子,为人去就乖疏;不修仁义五常,不管温良恭俭。抄手有时望却,万福故是隔生……

(《敦煌变文集》下册第 686 页 3 行)

还有作"隔事"的,如:

喜于里巷逢居士,恰共灵山见世尊。隔事莫辞子细说,万生不敢忘深恩。

(《敦煌变文集》下册第613页11行)

要宝藏人得宝藏,求清凉者得清凉。慈悲隔事相提挈,未委何方是道场。

(《敦煌变文集》下册第611页7行)

"隔事"与"万生"互文。此用法从方言里可以找到旁证。诗山老年人通常将"死"说成"过事(过世)",方音"gγ^{53}阴上 si 去声",又音"ge^{53}阴上 sl 去声"。按:"世""事"方音同。"生"(sl 阴平)与"世""事"音近。如:伊过事野久(他死很久),伊过事几落年了(他死了好几年)。据罗常培先生考证:西北地区入声从五代起已露出消失的痕迹。诗山方音"隔"(geʔ^{4}阴入,又音 gγʔ^{4}阴入)入声较弱化,"隔""过"互代是有可能,且敦煌文献、《酉阳杂俎》里有"隔"代"过"之例。如《酉阳杂俎》:"我自念已隔一生,年及衰朽,唯止此子,应遣止妻,不觉发此声耳。""隔世""隔生""隔事",应是"过事(过世)"的不同写法。

2. 隔手:即"过手",代人转送钱或物。

推两人饶口舌者隔手邀刘,与饮于旗亭。

(《夷坚志》册三第1086页6行)

普通话说"代人转送钱或物",方言说"过手"。如：手表汝共伊过手(手表你替他转送)、钱叫伊过手着送伊物(钱叫他转送得送他礼物)。示例中的"隔手",应是方言里常说的"过手",因音近互代。又,"过手"已收入《普通话闽南方言词典》。

3. 朋：边。

一巨人青巾绿袍,褐鞾玉带,持金瓜,坐绳床,指呼群众分为东西两朋,各执矛戟刀仗,互前斗击,其勇如虎,格格有声。久之,东朋获胜,退立少息。西朋负败而走,悉化为牛,浮鼻渡水。东队叶本作朋鼓噪追袭,振遥太空。

（《夷坚志》册二第 813 页 9 行）

普通话说"边",方言说"朋"(bin²⁴阳平)。如：勿会应倚归朋(不可以袒护一边)；分两朋排好(分两边排好)；食钱官倚归朋,毛公道(吃钱的官袒护一边,不公道)。《酉阳杂俎》中也有此例：

拔汗那,十二月十九日,王及酋领分为两朋,各出一人着甲,众人执瓦石棒杖,东西互击,甲人先死即止,以占当年丰俭。

（《酉阳杂俎》第 46 页 16 行）

又令藏钩剩一人,则来往于两朋,谓之饿鸱。

（《酉阳杂俎》第 239 页 16 行）

4. 当昼、正昼:中午,正午。

一日正昼,呼其子曰:"天色已夜,何不张灯?"于答以日当昼,余(绍祖)叱之。

(《夷坚志》册二第 757 页 4 行)

闻泉州有道士善持法,招之而至。先以法印印遍体,乃召其魂,云为漳州大庙所录。后两夕忽呻吟作声,至旦,屈右足呼痛,视之,一指破流血。正昼,稍能开目。

(《夷坚志》册二第 574 页 7 行)

抵一洞,深杳洁邃,晃耀常如正昼。

(《夷坚志》册二第 787 页 7 行)

未几,为祟孽所挠,虽无鬼物现形,而室内八笼,一日正昼出行于堂,如人所挟持者。

(《夷坚志》册三第 1031 页 10 行)

极惊异,亟再诣臧宅,审正昼语言处,俨然如初。

(《夷坚志》册三第 1130 页 6 行)

普通话说"中午,正午",方言说"当昼(dŋ 阴平 dɑu 去声),正昼(ziā 阴上 dɑu 去声)"。如:来食正昼(来吃中饭)、正昼野热(正午很热)、日当昼热甲死(日正午热得很)、当昼着午睡(中午得午睡)。文中的"当昼""正昼"指"正午,中午";第二例中的"录"指"抓"。"当昼"已收入《普通话闽南方言词典》。

5. 生理：生意。

项从京口任满，到都下求官，累岁无成。孥累猥众，素不解生理，囊橐为之一空，告命亦典质。妻子衣不蔽体，每日求丐得百钱，仅能菜粥度日。

（《夷坚志》册二第 583 页 9 行）

叶用其物买田贩茶，生理日富。

（《夷坚志》册二第 587 页 10 行）

德休与钱三千缗，使为区肆，由是生理自给。

（《夷坚志》册二第 727 页 8 行）

兴国军民熊二，秉性悖戾。父明为军卒，年老去兵籍，不能营生理，妻又早亡，惟恃子以为命。而视如路人，至使乞食。

（《夷坚志》册二第 732 页 13 行）

乐平八间桥农民张八公，壮年亡赖，不事生理。一日，忽自悔悟，积善存心，自称道人，唯赊放米谷，取其赢息以赡家。

（《夷坚志》册三第 1396 页 2 行）

普通话说"生意"，方言说"生理"。如：生理真好（生意很好）；伊勿会晓做生理，了甲几落干（他不懂得做生意，花掉好几干）。例中的"生理"，即"生意"。

6. 定叠:静,安静。

我不幸,丈夫很恶,常遭鞭箠。而阿婆性尤严暴,不曾得一日定叠。昨夜赶我出,无处著身。

（《夷坚志》册三第 1008 页 4 行）

女子夜来却定叠,俟其疾作,当烦先生。

（《夷坚志》册三第 1174 页 8 行）

普通话说"静,安静",方言习惯说成"定着"(diā^{21} 去声 diɔʔ^{23} 阳入)。如:伊归日块吵闹,通勿会定着(他整天在吵闹,都不安静);汝着定着坐好(你得安静地坐好);伊野定着,真守规矩(他很静,很守规矩)。方言"定着"属偏义合成词,"着"为"定"的后缀,义在"定"字。《说文解字》:定,安也。《宋本广韵》:叠,入声,帖韵,徒协切;着,入声,药韵,直略切。"叠"方音"diɑp^{23} 阳入","着"方音"diɔk^{23} 阳入"。"叠"与"着"音韵地位靠近,两者音之转应可互代。文中的"定叠"与方言习惯语"定着"义同。

7. 打并、并叠、屏叠、屏除、屏当:打扫,清除。

南城邓椿年,温伯左丞诸孙也。少时甚畏萝卜,见必呼啼……长而益甚。……及归老,田园亘阡陌,每出巡庄,好精意检校。佃仆辈黮者,阳遗一二于地,若打并不能尽者,才望见,怒骂而去,虽值阴晦暮夜,亦不肯留。

（《夷坚志》册四第 1470 页 14 行）

禁卫人员大李兴,以年劳解军伍补官,调泉州都监。临赴任,遣妻子出陆自临安先行,兴收拾并叠差晚,乘马追路。

(《夷坚志》册三第 1077 页 7 行)

寝室既成,命工仆剪薙荆棘,拓广基址,拟营它屋。值暮,风雨暴作,飘落木叶,充塞四边沟渠,役者悉舍去,明旦将屏叠,而钮镮遗于草壤中,圆(祖圆)自往取之。

(《夷坚志》册三第 1246 页 2 行)

僧追叱之曰:"这五个畜生,敢在此作过,可提押去。"旋失所在。僧云:"是皆凶贼,向在淮河稔恶,各已正国法,极刑枭斩,而强魂尚尔纵暴。今既囚执屏除,君家安矣。"

(《夷坚志》册三第 1099 页 12 行)

天将晓,此家屏当供器,见而惊曰:"有奇鬼在此。"

(《夷坚志》册四第 1699 页 9 行)

文中的"并""屏"因音同互代。"屏""屏除""屏当""屏扫""打屏",方言为习惯用语,指"打扫,清除"。如:萨秽屏甲野清气(污秽清除得很干净);萨秽着屏出去(污秽得清除出去);伊野牢屏除,厝内野清气(他很会打扫,屋里很干净);伊野牢屏扫(他很会打扫);伊厝里打屏甲野清气(他屋里打扫得很干净)。《宋本广韵》劲韵:摒,摒除也。"屏"即"摒",方言里有"打扫、清除"之义。例中的"屏叠""屏当"为偏义合成词,"叠""当"为动词后级,无实义。"打屏""屏叠""屏除""屏当",应视为同义词。又,"屏除""屏当",蒋礼鸿先生的《敦煌变文字义通释》释为"扫除"。

8. 道地、地:辩护,申辩。

顷时,乡里有失行妇女与恶子通者,吾之甥闻而讦之。恶子惧,与妇人约,急纳币结昏,吾甥亦强委禽焉。恶子不能平,讼于官。甥谒吾求援,吾与为道地,竟得妻。

(《夷坚志》册二第635页9行)

狱吏审其情实,需钱十千,将为作道地。

(《夷坚志》册二第747页3行)

会有旨,以首春雪寒,恐远方布衣来者愆期,特展锁院半月。于是兼程而往,于大院期已不及,乡人为委曲作道地,以门客避嫌试别所,遂登科。

(《夷坚志》册二第808页3行)

林负夏钱二千缗,督不可得,诉于州,吏受贿转其辞,翻以为夏主簿所欠。林先令干者八人,换易簿籍,以为道地。夏抑屈不获伸。遭囚系掠治,因得疾。

(《夷坚志》册三第1086页2行)

两下争斗,几于兵刃相格。事闻于州县,皆知曲在渊家……渊故部将多显贵,为之道地,遂云:"渊既就窆,岂宜复徙?"

(《夷坚志》册三第1408页1行)

《辞海》释"道地"：代人事先疏通，以留余地。按：此注与文不合。"道地""地"，方言作"辩护、申辩"解，是惯用语。如：证人站法院为伊道地（证人在法院为他申辩）；伊请获个律师勿晓说，道地毛赢，干了几落百（他请的那个律师不懂得说话，辩不赢，白白花掉好几百）；汝欠农理，怀通合农地，毛面子（你欠人家的理，不要跟人家申辩，没面子）。"道地""地"，方言里属同义词，用法相同；例中的"道地""地"的用法也与方言同，应视为同义词。如宋代岳珂《桯史》卷十二"郑少融迁除"条二："陈龟年女嫁巨室裴良珣，裴死于酒，兄良显诉陈女利其富，死有冤事。下天府，语连龟年，尹不敢治，诏送大理，左右有为之地者。"沈德符《万历野获编》卷二"讲学见绌"条："王龙溪位止郎署，且坐考察斥不得复官，故（徐）文贞不能为之地。即隆庆初元起废，亦不敢及之。"均可供参考。

9. 治、椎、槌：杀。

忆亡妻在时，最能馔此，每治鳖裙，去黑皮必尽，切脔必方正。

（《夷坚志》册二第632页4行）

老僧宝初者云："记得十余年前盖造此楼时，一过客买巨鲤，令仆庖治。破其腹，弃子于中。不谓许久，乃得生活。"

（《夷坚志》册三第 1169 页 4 行）

翁曰："我今在湖州市第三闸边做经纪，将汝治鱼刀来。"

（《夷坚志》册四第 1695 页 4 行）

程虞卿，建安人，尝为他郡幕僚。受性刚豪，多结里中轻侠，椎牛酾酒，畋猎博塞。

（《夷坚志》册二第 794 页 8 行）

绍兴二十九年冬，抚州宜黄县剧盗谢军九聚众百辈，椎埋剽劫，至戕杀里豪董县尉家。

（《夷坚志》册二第 934 页 8 行）

宗室善弋，居池州，贫无置锥，以酤酒为生，亦复间椎牛供客馔。尝梦被追到冥府，庭中兵卫甚肃，过之凛然。主者端服踞几，气象艴然，呼善弋骂曰："牛之为物，有大功于世，汝何忍屠剥不少贷？今令汝试尝此苦！"

（《夷坚志》册四第 1573 页 4 行）

普通话说"杀"，闽南话叫"tɑi²⁴阳平"，浙江青田靠温州方向的乡下农民的说话音为"tɑi²⁴"或"tue⁴⁴"。闽南话里指"杀"（tɑi²⁴阳平）的本字应是"治"，对此，罗杰瑞先生已做了考证（详见罗杰瑞《闽语里的"治"字》）。《宋本广韵》：治，之韵澄母平声直之切；椎、槌，脂韵澄母平声直追切。"椎""槌"在《宋本广韵》里属同音。"治"与"椎""槌"的音韵地位靠近,音之转应可通,可互代。唐宋时代,在有些方言区,"治""椎""槌"由于方音较靠近,读"tai⁴⁴、tue⁴⁴",均可作"杀"。如《敦煌变文集》下册第871页3行:"遂至十一月一日,聚集亲情眷属,槌牛酿酒,只道取妻。"又如《太平广记》册十卷四五八第3747页2行:"他日,妪治鱼,龙又来,以刀戏之,误断其尾。"册二卷六五第406页10行:"唐贞元初,虞卿里人女,年十余岁,临井治鱼,鱼跳堕井。"及册二卷七一第443页8行:"帝曰:'可食乎?'玄曰:'可。'遂使取治之,乃真鱼也。"均可证明。

10. 石:舌。

陈试取猪石一双,使庖人如常法批切,渍以盐酒,仍注水焉。自持一炬燎其腹,俄闻铫中汩汩有声,及炬尽举盖,石子已糜熟。

(《夷坚志》册四第1534页10行)

方言音"石""舌"文读同为"sit²³阳入",文中因音同互代。

参考文献

1. 洪迈. 夷坚志[M]. 北京：中华书局，1981.

2. 王重民，等. 敦煌变文集：上下册[M]. 北京：人民文学出版社，1957.

3. 段成式. 酉阳杂俎[M]. 北京：中华书局，1981.

4. 陈彭年，等. 宋本广韵[M]. 北京：中国书店，1982.

5. 李昉，等. 太平广记[M]. 北京：中华书局，1961.

［本文刊载于《温州师院学报》（哲学社会科学版）1988年第2期］

闽南方言的介词省略式

本文根据南安诗山、华美一带的说法,讨论闽南方言的介词省略式。本文符号[ ],表示介词省略;另外,P指名词,S指代词,N指动词。把文中省略的成分笼统地称为介词,只是为了说明的方便起见。实际上介词和动词是一对孪生的兄弟,有的场合作介词,有的场合又可当动词,本文采用一刀切的办法,不另分类说明。

一、"有、无句"的介词省略式

"有"(或者"无")后面的介词省略,是闽南方言常用的一种句式。

1. S有(无)〔 〕SN式,如:

①伊有〔 〕汝食(他给你吃了)

②我无〔 〕汝饮(我没给你喝)

这是一种最基本的句式。这种基本句式可以变化为下面四项。

(1)SP有(无)〔 〕SN式,如:

①伊饭有〔 〕汝食(他给你饭吃了)

②我汤无〔 〕汝饮(我没给你汤喝)

(2)S有(无)〔 〕SPN式,如:

①伊有〔 〕汝饭食(他给你饭吃了)

②我无〔 〕汝汤饮(我没给你汤喝)

(3)S有(无)P〔 〕SN式,如:

①伊有饭〔 〕汝食(他有饭给你吃)

②我无汤〔 〕汝饮(我没汤给你喝)

(4)S有(无)〔 〕SNP式,如:

①伊有〔 〕汝食饭(他让你吃饭)

②我无〔 〕汝饮汤(我没让你喝汤)

基本式及四项变化式里的"有"表示已然,相当于时态助词。

二、"助动词"句的介词省略式

助动词"着"（tio²，得）、"末"（bo²，要）等后面的介词省略，是闽南方言常用的一种句式。

1. S着（末）[ ]SN式，如：

①汝着[ ]我食（你得给我吃）

②我末[ ]伊颂（我要给他穿）

这是一种最基本的句式。这种基本句式可以变换为下面四项。

（1）SP着（末）[ ]SN式，如：

①汝饭着[ ]我食（你应该给我饭吃）

②我衫末[ ]伊颂（我要给他衣服穿）

（2）S着（末）[ ]SPN式，如：

①汝着[ ]我饭食（你应该给我饭吃）

②我末[ ]伊颂衫（我要给他衣服穿）

（3）S着（末）[ ]PSN式，如：

①汝着饭[ ]我食（你应该给我饭吃）

②我末衫[ ]伊颂（我要给他衣服穿）

（4）S着（末）[ ]SNP式，如：

①汝着[ ]我食饭（你应该给我吃饭）

②我末[ ]伊颂衫(我要给他穿衣服)

应该指出的是,上面句子里的"着"均可换作"怀着"。"怀着"为助动词,作"应该"解,是习惯用语,与同音词"怀着"(m_{21}、$tio^{?}$,不对)义不同。

三、否定句的介词省略式

副词"怀不"(m_{21})、"免"($blān^{53}$,不必)等后面的介词省略,是闽南方言常用的一种句式。如:

①伊怀[ ]我食(他不给我吃)

②我免[ ]汝饮(我不必给你喝)

这是一种最基本的句式。这种基本句式还可以变换为新四项。这新四项的变换规律同"着(末)"句式完全相同,略。

四、"主、介、宾、谓"句的介词省略式

"我汝食",即"我给你吃"。"我"后省略介词"荷给($hɔ_{21}$)",显然不符合普通话的说法。而这类句式的介词省略,是闽南方言常用的一种句式。

1. S[ ]SN式,如:

①我[ ]汝食(我给你吃)

②汝[ ]伊眠(你给他睡)

③伊[ ]我用(他让我用)

这是一种最基本的句式。这种基本句式可以变换为下面三项。

(1)SP[ ]SN式,如:

①我肉[ ]汝食(我给你肉吃)

②汝床[ ]伊眠(你给他床睡)

③伊钱[ ]我用(他给我钱用)

(2)S[ ]SPN式,如:

①我[ ]汝肉食(我给你肉吃)

②汝[ ]伊床眠(你给他床睡)

③伊[ ]我钱用(他给我钱用)

(3)S[ ]SNP式,如:

①我[ ]汝食肉(我给你吃肉)

②汝[ ]伊眠床(你给他睡床)

③伊[ ]我用钱(他给我用钱)

三字格"我汝食"的后面加上"去"或者"来",如"我汝食去"之类句式不仅主、状之间的介词可省略,而且表示一种被动关系。这种表示高兴或者不愉快色彩的被

动句式,是闽南方言常用的一种句式。例如:

①我[　]汝食去(我的东西被你吃掉了)

②我[　]伊占去(我的地方被他占去了)

③汝[　]伊饮去(你的东西被他喝掉了)

这是一种最基本的句式。对话时,主语部分的"我""汝""伊"后面的中心词常常省略,也可以不省略,如,"我[　]汝食去"可说成:"我肉[　]汝食去"(我的肉被你吃掉了)。

五、兼语句的介词省略式

"我说汝听",即"我说给你听","说"后介词省略。这种兼语句的介词省略,是闽南方言常用的一种句式。

1. SN[　]SN式,如:

①我说[　]汝听(我说给你听)

②汝夺[　]我用(你拿给我用)

③我泡[　]汝饮(我泡给你喝)

这种兼语式得连用一个音段,当中不能有语音停顿。如果分成两个音段就成了两个主谓结构的紧缩复句了,如"我说,汝听"。

这是一种最基本的句式。这种基本句式可变换为下面两项。

（1）SNP［ ］SN式，如：

①我说故事［ ］汝听（我说故事给你听）

②汝夺钱［ ］我用（你拿钱给我用）

③我泡茶［ ］汝饮（我泡茶给你喝）

（2）SPN［ ］SN式，如：

①我故事说［ ］汝听（我说故事给你听）

②汝钱夺［ ］我用（你拿钱给我用）

③我茶泡［ ］汝饮（我泡茶给你喝）

闽南方言的各种介词省略式里被省略的成分所支配的宾语，通常是由人称代词（我、汝、伊）充当；如果所支配的宾语不是人称代词，往往不能省略。如：

①我说荷众人听（我说给众人听）

②我说［ ］众人听（不成话）

③伊怀甘愿荷人客食（他不情愿给客人吃）

④伊怀［ ］甘愿人客食（不成话）

⑤汝着荷亲情来斗骹手（你得让亲戚来帮忙）

⑥汝着［ ］亲情来斗佼手（不成话）

这种句子虽然简练，但如果没有一定的语言环境有时就会让人费解。这种句子较多出现在对话的场合。因有语言环境，意义自明。

　　以上闽南话的介词省略式全可以将介词补上,而意义不发生变化,但是说省略式显得方言味浓,在老年人口语中至今还很常用。

　　　　　　　　（本文刊载于《杭州大学学报》1986年增刊）

后 记

　　敦煌《吐鲁番出土文书》，是祖国的宝藏，无比辉煌。它里面的俗语难词，犹如珠穆朗玛峰。我爱它，我立志要攀登这座世界最高峰。在那漫长的岁月里，我承受了病痛、劳累、辛酸、坎坷，一天天，一日日，我不停地跋涉、攀登……当我步入耄耋之年，有幸地能看到自己的论文集即将付梓，我无比兴奋，热泪盈眶。每当我一个人静静地坐在床上的时候，我会想起往事，想起在艰难跋涉中支持过我的可敬的人，特别是我常常会想起可敬的姜亮夫先生，他曾满腔热情地支持我，让我看到希望，让我增添继续跋涉的勇气。我不会忘记可敬的姜亮夫先生，他为敦煌事业，为祖国的教育事业献身，他把毕生的精力献给祖国！我祈祷可敬的姜先生在天堂天天快乐，幸福无比。

　　特此感谢浙江工商大学出版社编辑王黎明老师,承蒙厚爱,促成拙著出版。万分感谢您的辛勤付出!

　　　　　　　　　　　　　　　　黄幼莲
　　　　　　　　　　　　　　2022年7月于杭州